道の駅うご端縫いの郷
出発式

安藤町長

阿部実行委員長

長持唄

道の駅うご端縫いの郷

水神様

ゆきとぴあの里

鎌鼬美術館・旧長谷山邸

旧長谷山邸前雪のお社特設会場

田代太鼓　サウンドリング「響」

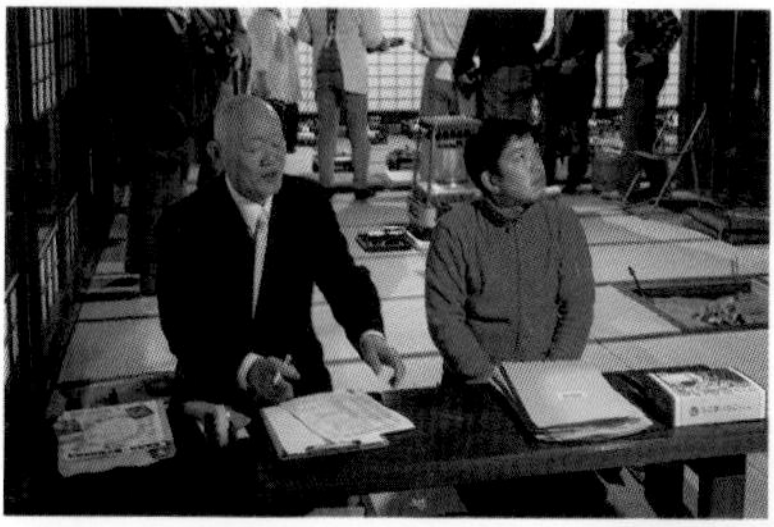

受付　小西さん　村岡さん

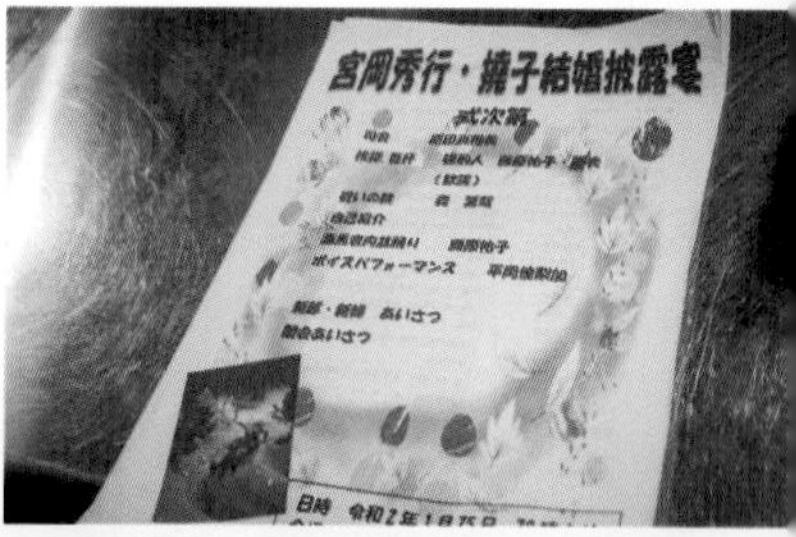

祝い膳スタッフ

三々九度

座配人　武田清美さん

森 繁哉さんの祝い舞

仲人挨拶（著者）

司会 原田真裕美さん

西馬音内盆踊

花嫁道中峠越え

藤原祐子

目次

花嫁道中・考
実感の民俗学の視点から

森　繁　哉

〈ふたつの西暦の後〉

2020年1月25日、私は馬上の人であった。

「今年は雪が少なく、農作物への影響が心配だね。」などと呟かれる冬晴れの一日、私は馬車に乗っていた。

秋田県羽後町で開催された「ゆきとぴあ七曲　花嫁道中」の送り仲人役（ニンタイと呼ばれることは後に述べる）を仰せつかった私は、花嫁、花婿が馬車行列を為しながら集落を練り、七曲と称される峠を越えながら人々の祝福を受けると云う習俗の、復活された民俗儀礼の一環に参加し、その日は農耕馬が引っ張る馬車櫓の中の人であったのだ。

この、２０２０年と云う西暦が示す鮮やかな印象は特別だ。

花嫁道中挙行後、私たちの世界は、２０２０年に新型コロナウイルスの猛威に襲われ世界的パンデミックを経験し、「自粛」「不要不急の外出の禁止」「人と人との距離の保持」などの人が人であることを証すであろうさまざまな人間行為が制限され、私たちは閉じねばならない人と成ったのだ。（そして私は、世俗の人、舞踏の兵士として、密室で生きることを内在化していった。）だから、この新型コロナウイルスは、私たち人間存在を逆照射してしまった人間の出来事なのであった。

そして、２０２２年。突然にロシアがウクライナに侵攻し、私たちは情報として知らされるのであるが、無残な光景を日々に目に焼き付ける生活を体験し、そのことから一歩も離れられない共時の感覚の内に沈むしかない生活を送ることになった。

ロシアのウクライナ侵攻は遠い国の出来事だと突き放すことが出来ない、出来事だ。

確かに遠い国のことではあるが、この事態は軍事的な脅威が迫っていることの現れなどと云う状況の認識では済まされない、それもまた人間の深層を辿らねば浮かび上がってくることがない「歴史の生々しい休眠の姿の露出」「禍々しく傾斜していく夜への親近性」「確かにもうひとつの人間であるのだが?、その露呈」(=戦争)などなど、そのことは決して大げさなことではなく、私たち人間と切り離すことが出来ない、私たちの生の実相と不可分である、やはり、人間存在を照射する人間の出来事なのであった。(そして私は、舞踏の兵士として、重なり合う私への思考を内在化し続けている。）

　２０２０年から２０２２年の世界史のふたつの出来事は、人間の存在と密接に結びつき、どちらの出来事も人間への問いを含みながら世界を覆う、異様な強度に満ちた人間の出来事であったと言える。そして、それは、私たちの、根底の、生活の集積でもある民俗の事象と関わる生の今（歴史）であり、私たちは（の生活は）即座に、世界史の出来事に結び着いてしまったのであった。

　更に、このふたつの出来事は、私たち（私）の生を全方位に押し開いてしまった。私たちは世界史に投げ出され、歴史の動乱、人間の動揺に、直接、身を預けなければならないのであった。そうしたことがあからさまに露呈された西暦を、ともかくにも私たちは生きたのであったし、生きている。

　この前に、人間と世界が丸ごと剥き出されてしまった前に（否、歴史は連続されているのだから、前ではないのではないか？と、言い聞かせながら）、

2020年に、私は秋田県の羽後町で馬上の人であった。そして、ここから、この馬車行列の後に、出来事（例外の状態）が、生々しく私に浮上したのであった。「コロナ禍では実行出来なかったのではないか。」「コロナ禍の前で良かった。」「世界が騒然としている中で、なかなか祝祭事は似合わない。」2020年は、こうした問いにさらされることもなく、確かにひとつの民俗儀礼が復活された。そして、馬上の人と成った私にも、もちろん花婿、花嫁、そして同行者にも多大な示唆（知）を与え、体験者のひとりひとりが歓びの共感覚に浸り、その後も深くからだの層に沈殿する糧にもなった習俗が、確かに実行されたのであった。

私は、そのことを唐突に、民俗の到来と呼びたいのであった。

2020年、あの冬晴れの一日、確かにひとつの民俗が到来した。

確かにひとつの民俗が到来したとは、確かに人間が、存在するための様式を備えた社会の人々が、そこに在ったと云うことだ。そこには、そこの地の歩み、歴史と云う物語る媒体を抱え、その物語を演じようと努める人間の営為が在ったと云うことだ。そして、その人々は歴史の前と後ろを鮮やかに象徴する人々と成って、そこに、ひとつの窓、民俗の窓を開けていたのではないかと、思える。

人間の存在を逆照射する窓。混沌に向かってしまいがちな我の位置を爽やかに開ける、閉じの反転の窓。夜の恥辱に拘泥しまいがちな人間行為を光りにさらし、照らしてしまう撓る窓、たった一個であるのだが多様な輝きに向き合っている見渡しの窓。たった一個であるのだが互いを照らし合う応答の窓に、2020年に、私は出会い、参加したのであった。

そのとき私も、確かに民俗の人であった。

2020年のあの行事を、私は「恩寵」と呼ぼうと思っているのだ。

恩寵、与えられる光り、叡智。民俗の糧。

2020年に実行された民俗の事象を恩寵と呼ばねばならない告げの事態に、

ふたつの西暦は作用してしまったのだとも思える。あの習俗の実際を恩寵と呼ばねばならないことに、ふたつの西暦の例外事態が機能し、ふたつは前と後ろを象徴化させ、私たちを恩寵に沿いながら生きねばならない事態に、追い遣ったと言ってもいい。

前と後ろをくっきりと言葉（光り）の恵みで照らし、前が在ったので今もなお、後で生きられると云う人の存在を保証する実態。生きることを着実に人々の手に渡し、なお、そのものの継続を促すことを人と人の役割にする実態。そうした実態の一切を共に築くことが出来る光りである糧。それは民俗の知恵と名指しされるものであるのだが、そのものが在るのと無いのでは生の意味合いが全く違ってくるものの総体。そうした一切が、恩寵と云う名の民俗儀礼が、２０２０年に確かに実施され、私たちはその実態に参加し、恩寵を受ける人と成ったのであったし、また、恩寵が私たちの生に浮上した瞬間であったと言うべきだ。

私はふたつの西暦の、歴史の例外状態を経ながら、あの羽後町の復活の行事を恩寵と反芻し、そのことが差し出した事象の意義を考えている。あの花嫁行列が示唆し続ける民俗の事象とはなんだろうと、問い続けているのだ。

私は証さねばならないだろう。

私は、たくさんの証にさらされてしまったのだ。

ふたつの例外的な歴史の出来事の後では思考さえも、無効に向き合っている。だから、私に恩寵が来たのかもしれない。無効を定石とした恩寵と云う要請、なにかに向かわねばならない命の動議が私（私たち）に来たのかもしれない。そして私は受諾の者として、あの冬晴れの一日を思い出し、思考し、そして証に向かっている。

〈証の前に、花嫁道中と云う習俗の学問的位置づけ〉

私は、この文章に「花嫁道中」と云う標題を付けたのだが、この文言は復活された この習俗を広くイベントに仕立てていく際に思考された儀礼名である。事実、冬晴れの一日、私はニンテイの役割を負うように花嫁、花婿、それに送り仲人たちと同じ馬車に乗り合わせ、謂わば楽しみながら、行列に参加したと言うべきだ。本来、民俗学などで比較研究される花嫁道中とは、その道中人は花嫁、もしくは花嫁側の方々が、相手方に出向いていくその道中の行列を差しているので、私が同行したことは「ここでは」と云う留保付きのことだとしなければならない。

私は、この「花嫁道中」の不自然を正しているのでは全くない。ただ、民俗儀礼を比較検討しなければならないこうした文章においては、習俗の道筋を明晰にしておかねばならなくなるし、私は復活された形態の事象を述べていると、少しだけ示しておかねばならないだろう。

　こうした習俗が復活された思い、経過、そのことが実行されていくことの限りない価値は多大で、後にその意義を「恩寵の執行」として述べていくが、民俗儀礼は、この様に時代に連なりながら多様に変化し、そうして人々に広く共有されていくことを旨にする変化の形象でもあるのだから、私は全面的にそのことに従う。だが、やはり、習俗の学問的考察と云う位置に立てば、その筋を習俗の集積に戻さねばならなくなり、私の考察はあくまで見分的な考察だとご承知していただきたい。とにかく、私は花嫁、花婿、仲人さん方々と同行しながら、馬上の人であった。

　婚姻習俗の研究は、その歴史的な考察、民俗誌的な考察においても優れた研究書が多く提出され、それは民俗学問上の大きな業績と述べてもいい知の達成に到達している。女性史の視点であれ、民衆史の視点であれ、その研究は人間考察論、共同体論にも及び、ひとりの人間ともうひとりの人間が結ばれ、婚姻し、そして共に暮らすと云う側面に村落、社会、共同体が関わり、多様で豊饒な人間像をそこに築き、一個の人間を土地、地域にあらしめる存在の本質に届く概要の論としての成果を持っている。まさに、婚姻を軸として、その射程は他者論にも届きながら、人がそこに在ることの実態に漂う習俗と云う慣習を人間存在の奥底まで及ばせながら、婚姻習俗の研究成果は、日本と云う視座にあっての独特性も保ちながら学問の勝利とでも言うべき作品の群れである。

秋田の婚姻習俗についても、石郷岡千鶴子氏の「民俗選書　女」（秋田文化出版）に、その研究が記録されており、女性の側でしか定めらない視点の置き方が妙でありながら、丹念に聞き書きを実施した学問の労作というべき研究書が出されている。この方の視点は、祝儀面だけが強調されてしまいがちな婚礼について、嫁入りの持つ「穢れ」や「忌み」といった側面も照らしながら習俗を思考すると云う立場に貫かれており、それは優れた人間本質論としても読め、かつ、多くの基礎概念を提供するのだ。

この方も述べているが、

―柳田國男の「婚姻習俗語彙」が菅江真澄の「小野のふるさと」に触れながら、「羽後の雄勝郡で、もり木をもって負うて来た嫁を小宿に入れる、、」―

と述べる視点で、やはり、婚家に花嫁が移動する花嫁行列を婚側が迎えるという習俗の在り方だと捉え、そうしたことが基底で在るが故に、この習俗が民俗にひとつの意味を与えているのだとのいう視点を大切にしている。そこでは、私の様な者の役割をニンテイ（任体、座配人）と呼んでいたことが記録されている。

この習俗はチカムカエ、サカムカエの習俗であるが、私の役割は、こうした習俗をなぞりながら、習俗の意味を述べていくことではない。もうすでに、それらは言い尽くされ、検討され尽くされ、私は追認の役しか取れないのである。そうではなく、私は、あの「花嫁道中」という復活された新しい儀礼を恩寵の言葉として受け取り、その言葉の根底と、直に向き合わなばならないだろう。私は、かっての習俗がそこにあり、そして、そのものが新しい装いを持って、あの日、あの場所で披露された行儀に参加したのである。そして、そのことが恩寵に繋がれることであった。

私はやって来た民俗（来るべき民衆）、私の民俗を思考し、あの民俗事象を読み取らねばならないだろう。恩寵であるものの与えられとは、だから、私の責を踏まえた私の思考、感性に立つということではないか。

私は実感的に書いてみる。

ここで「実感の民俗学」の根拠や可能性の概念を述べていく余裕はないのだが、それは途上の知のことで、実感していく知、柳田國御男の子ども（それに、祖霊）の目線、折口信夫の死者の目線に近いものだと考えている。そうした視点で、やって来たもの、目の前で展開された数々の事象の現実を実感のからだで受け止めようと思っている。

からだを持って、とは、その現象を、瑞々しい私と捉えていくことだ。そうした捉え方が、たくさんの学問の労作を追認の具にしないことであり、「花嫁道中」を復活し、実行した地域の方々の想念とその労に報いることであろう。そしてそのことが、ひとりの民俗（私＝民俗）と成ることであった。

この復活された習俗の周辺的知見（馬のこと、若勢衆のこと、馬車行列のこと、街道筋のことなどなど）には、たくさんの方々の論考が存在するのだが、ここでは秋田在住の研究者の石郷岡千鶴子氏、藤田秀司氏（馬のこと）の論に主に沿いながら、あの日、あの時、私が実感した習俗のひとつ、ひとつを証していくことにする。そして、たくさんの習俗があのとき、私の目の前で展開されたのであるが、ここでは二つ程のことに絞らざるを得ない。

〈証　その一　馬の実感〉

冬晴れの日、馬が勢いよく、雪の無い道路を、私たちを乗せながら車を引っ張っていた。

馬であった。馬と云う生き物が目の前にいた。

静かに、意外に静かに淡々と馬は歩いた。（私は初めて馬車に乗る）しかし、その歩行は、確かなリズムに導かれているのではないかと感じられる場面が、すぐに訪れた。馬は呼吸を整え、整えながら、馬自身のリズムに導かれようにして平坦地を歩いたのだが、途中何度か、大きな息を荒く吐きながら、自身のリズムを調整していくのであった。

吐く息は驚愕の様とでも言える程の迫力で、馬の鼻がびくつきながら白い蒸気を発散する様子はひとつの驚異、怖れでもあった。生々しいいのちの実体が、そこで息し、そこで自身の生を躍動させていたのだ。そうした現実が、畏怖するものの像と成ったように感じた。だから畏怖とは、私が、私と違う生き物の生の様相に触れていく過程なのだと思えた。

そして、息する物を真近かにするとは、息する物を外に置かねば体験することが出来ないことのように思えた。自分とは異質な、息する物が外に在るとは、そのものとの間を持ちながらそのものを存在の対象にすることのように思えた。そして、一個の存在が対象で在るが故に、私と云う存在も対象になるのであった。

自分が始まっていく感覚と云うのであろうか、事実、馬方と云う存在が手綱を引きながら馬のリズムを調整していたのであるが、そのことこそが、異質と異質の結び付きを協調に置く在り方だと感じられた。そうで在るが故に、馬方もまた、そこに存在し得ていた。

馬と馬方の間に一定のリズムが介在し、馬と人は互いに外、外の関係を保ちながら協調し、それは互いの身の委ね（共同作業）でありながら、互いの預け合いなのであった。そのことこそが馬と馬方の信なのであった。そう感じられ、私もまた、馬のリズムに身を預け、安心の内に馬車行列を楽しんだのであった。

馬を外とするとはだから、調整の最も基本であり、むしろ、外の存在として扱うことが互いの信を確かめ合えることなのであった。この時、外とは異質を異質と承認することであった。そして、私が抱いたあの畏怖も異質の際立ちであったように思え、そのことで馬への感慨も湧いたのだと思われた。馬方もまた、自身を起動させ、そうして馬を小気味よく駆り立て、鎮静させ、馬車行列を順調なことにしていたのだ。その奇妙な安堵感が馬車上の全員に伝わっていたようにも思える。

それと、印象的な光景がもうひとつ重なっていた。

馬車を引っ張り、また、押し込んでいく引き徒、押し徒である少年たちの存在であった。きっと借り出されたボランテアの若者たちだろう（否、自主参加だろうか?、その形態はどちらでもいい）爽やかな出で立ちが冬の空に映える様にして似合い、一瞬、息を飲む美しさであった。この少年たちの在り様のことは「若勢の民俗」として、やはり思考してみたいが、今、その余裕はないのだが、年齢階梯性と云う習俗が示している段階的生育を支え、後押しする民俗の在り様は、この時代であるからこそ、見直さなければならないことだと思える。

「時々の花」でもある生の輝きを愛でながら、巧みに、巧みに民俗社会の内に取り込んでいく知の在り様は生の技術として現代社会にも適応するだろう。時代に沿いながら、そうした役割を若い衆に与えていく「往復の民俗」が生きていることを、私は目撃した。

そして、華やぎとは、やはり総体なのであった。部分が部分として輝きながら、異質が異質として際立ちながらその互い（総体）が、「在る」の華やぎなのであった。

そして、この若勢たちと馬と馬方の三位一体的な合いの手の呼吸体が馬車と云う乗り物をいきいきとした糧の物にしていたのだし、そこに互いの心的な感受も重なり合って、その行列をひとつの祝祭に仕立て上げていたのだと思える。

「ああ、この感覚は懐かしいなあ」とも、私は感じた。

馬との愛着、また、鬩ぎ合い。人と動物、生き物との委ね合い、反目。その感覚は単なる人間と生き物の関係を辿るだけではなく、人間存在の深層にも通底していく民俗の幻想の領域の核ではなかったか。私のこの懐かしさは、そうしたモチーフを喚起されたが故に、ここに在るのではないか。そう、感じられたのだ。

民俗学の研究者として、私は何度も馬小屋が家屋内に据えられ、馬と生活を共にしている方々を尋ねた。そして、聞き書きをし、馬との生活のことをお聞きした。そして実際、私は家の中に馬がいる光景を見、馬の動作などを観察した。そして、家の人々がどれだけの時間を馬の生育のために費やしているのかなどを尋ねたり、その馬を信仰するまでに成っていく過程も聞き取った。（藤田秀司氏の「馬」・秋田文化出版に秋田県の馬と信仰が記録され、優れた論考も掲載されている。参考にして欲しい。）

この時、一番印象深かったのが、馬小屋の存在であった。構造としての馬屋ではなく、馬と人の距離、間合い、そうした接近と離れの技の応酬、異類と人との態度の応答（それはまさに密儀と云うにふさわしい）が、ひとつの空間で繰り返されている現場のことであるのだが、それはひとつの威容の場であった記憶がある。私が、密儀の執行の場であるように感じざるを得ない密度が、その空間にはあった。

そこは、単なる馬小屋を超えて神的空間とでも呼べる一個の部屋、密室、間合いながら睦み合う、なにごとかを満たしていく充足の場であった。私は祭儀の場にでも立ち会ったような感覚になり、威容の感覚が途絶えることがなかったことを記憶している。

薄暗く、生々しい生き物の体臭を留め独特の匂いを発散する馬屋ではあったし、飼料としての藁の匂いも混ざり合い、そこは、家畜の居る場ではあったが、物凄い吸引の力が働いている場でもあった。私はなんども立ち往生し、その馬屋の前に立ち竦む状態であった。

馬上からではあるが、馬の生々しいまでの生の息吹に触れていた私は、私が体験した馬の記憶が、そこに、一気に蘇ってきたのであった。

柳田國男の「遠野物語」六九章に、身も竦むような語りが記載されている。

私は何度も、何度も、その民譚が秘めている狂暴ではあるがあまりに切ない馬と娘の悲恋譚を読み返しながら、そこに潜んでいる異類への愛と云ってもいいのだろうが、ひとつの対象が信仰にまで昇華していく人の想いの深さと謎を考え続けたことがある。

全文は記載できないが、

―昔ある処に貧しき百姓あり。妻はなくて美しき娘あり。また一匹の馬を養う。娘この馬を愛して夜になれば厩舎に行きて寝ね、ついに馬と夫婦になれり。―そうした状態を知った父が娘には知らせず、ついに馬を桑の木につりさげ殺すのであったが、そのことを嘆き悲しんだ娘が、死したる馬の首を持って昇天するという物語であり、オシラ様信仰の原型譚として、広く取り上げられる民潭だ。

思想家吉本隆明氏の「共同幻想論」を始めとして、社会学の大澤真幸氏なども人間の幻想領域を考察していく糸口として取り上がる、その入り口に存在する物語なのであるが、私もまた何度も、何度もこの民潭を考察して来た経過がある。

そして私は、実際の馬屋に立ち会った者として、この民潭は、在り得ることを在り得るままに語ったと思える人間の可視領域の不可解性と、託していかねば成り立たない人間の不可視領域の接点が交差するものとして、私自身の共同体論の根底に据えてきたものだ。と同時に、民俗信仰を考える上でのテクストにして来た重要な糧だ。

民俗信仰とは、この様に、なるしかない必然への信頼、なるしかないことを承認する自己投棄、自己献身なのではないか。そうしたことが層となり、そこに、土地の関わりに重なる、そこで生きて往くための処方の体系が生まれるのだと思える。民俗社会の人々（私たち）は、むしろ信仰を創生するのだ。それは創られる生に繋がる。創られる生を創らなければならない必然が押し上げていく。そこに言葉が介在し、馬と娘の哀譚が普遍を押し広げていくのだ。だから、民俗信仰とは、なるしかない必然を、そこで承認していることの証と考えることが出来る。

そうした感触を私は思い出し、懐かしさと思える情景を、冬晴れの日に想起したのであった。

生き物としての馬は、やはり異類で在るが故に私の感情を乱し、私を、そこで全く別な空間に浸らせるようであった。先に異質なものとの遭遇と書いたが、生々しく息荒い生き物の存在は馬とは知っていたが、雪の街の中では、私には一種の霊存在のようにも思えた。異なる物が霊の存在に成り得ていた。

折口信夫の数々の物語もこうした霊のモノとの接点から生まれていった。しかし、それは人間と霊との対峙性の物語（幻想譚）では決してなく、折口の実感覚が生み出した折口自身の像なのであった。折口が自己の異質性を際立たせながら、密かに、密かに近づいた実験記録だと読み込むことも出来る。折口の実際が異質の際立ちに触れ、そこに異質のモノ、霊の存在を紡ぎ出したのではないか。

民俗学と云う学問は間違いなく実証学であり、その領域から一歩も逃れられない。であるが故に、人ははみ出しを持つのだ。必然的にはみ出していかざるを得ない。はみ出しを希求し、そこに逃れていくことを社会の層が受け留め、受け留めの技術を育んでいく。共同体とは本来的に、逸脱の第三項を保証しているのだ。

そうして、声が知に成る。呟きが規範に成る。みんなでが慣習に成る。そうした底流でのうごめきに近い実感的な納得が層と成り、学問の形を整えていくのだ。民俗学は確かに、知の学問的領域に属するが、それは生きている実感知（人々の声）なのだ。そして、そのことは手を添えることを意味している。声が流れ、からだが揺れる。からだが伸びる。手が添えられる。そっと、添えられている。無心に添えることが動いていくのだ。民俗学は、きっと、このことを思考している永遠に見えることがない知の重さのこと。

でも、現代はそうした項を深く沈殿させてしまっている。この沈む項をどのように発見し、そのものを、どのように生きる者の糧として見出していくか。現代社会における民俗学の可能性は、そこに関わっていると言えるだろう。後にも述べていくが、こうした行事、習俗の復活が果たす役割は、そうした価値に直結していて、その意義は極めて大きい。今、私たちは、習俗の必然を、もういち度検証しなければならない。そのものを検証し、そのものの時代的な復活を意図することが必要だ。こうしたことを後に述べていくが、ひとつだけ大事な教訓を、この、復活された習俗は提起していた。

私たちは、民の想いが湧出させていく実感的な存在の動機を知の身軽さや分別で覆ってはいけないということだ。（私のこの文章も、その戒めの範疇に入っている）学問（芸術でさえも、）は、おおうにして身軽の高みから、教え、諭し、与える啓蒙の役割を担ってしまう。そのことは必要理でありながら、当事者性を欠いてしまう。

私が関わっている舞踏芸術とは、この当事者性にしか存在しない。舞踏は決して、「表面の王」にはなれないのだ。舞踏は溜まる水の淀みの部分で揺れている小刻みな水波にしかなれない、地上の芸術だ。太陽から届く光りを受ける芸術だ。そして、舞踏は、微細なさざ波の在り様に、むしろ縛られているのだ。ということは、そこで生きる者の生に対応しているということだ。

そして、そこで、当事者として、動かされているし、動かしている。揺れ続けている。光や風と云った外の様態に対応し続けている。こうした相・矛盾を抱えることこそが、舞踏の謂れなのではないか。そうして、そこに居ると云う当事者存在に成る得ることではないかと思える。

芸術（学問でさえも）、それは受け取りの重なり合いに働く作用・技術だ。与え、示唆し、導く方向はもちろん有効であり、確かに根付きの養分となり得るのだが、種・自体の生育はもっと、もっと土地固有、人固有、地域固有の緩やかさではないか。浸み入るように、種・民俗は、その根を張っていく。土地へ作用していく。民俗社会とは、この緩やかさ（持続性）の育ちの振動だ。次第、次第に重なり合っていく様態が生理となり、構造となる。緩やかさとは、この運動を補う人々の在り方、慣習性のことだ。そうした社会への我の位置を、そこで戒めとして提起されたように、私は思った。

私自身、舞踏の立場から、そうした作用のことを舞踏倫理（存在倫理）と呼んでいるが、そのことは民俗倫理の視点にも対応してくる。あの「花嫁行列」の道中の中でずっと私は、「当事者、普遍とはなにか」を考えていた。普遍に居るとはどのように可能なのか。馬上の人であった私は、馬や送り徒の方々の懸命な当事者観に、どう対応していくのであろうか。そんな問いに囚われていた。難渋な問いの様に聞こえるが、舞踏はそのように問いながら他（当事者）と関わっていくのだし、その目線が実感の目線であった。

そんな問いを喚起させ、ずっと、ずっと私に持続させていることこそが復活なのではないかと、私は感じ、私は、この問いから離れなかった。だから、教訓とは、自らの位置を再確認させる目線のことであった。

馬上の人と成った者の目線が、そこに在った。

私は、その目線に沿うていた。それは舞踏の者の目線でもあったし、実感の民俗学が喚起してくる目線でもあった。私は「花嫁行列」の馬上で舞踏の人、実感の人であった。

〈証　その二　見る人〉

柳田國男は「海上への道」で鮮やか目線の位置、見ると云う認識行為への絶対的な位置のことを述べている。鮮やかと書いたが、その目の位置はずっと、私の実感の根幹であった。私は「実感の民俗学」などと思い上がり気味に標榜しながらも拙い自己の民俗研究を慰めることが出来たのは、柳田のこの視線があったからだ。そして、私は、自分の踊りもこの目線に導かれていたように思える。

柳田は、海上はるかかなたに揺曳し、やがて地上二メートル以下のところを伝播していくものの力のことを語り、そのものの実体性に国家の原像をも読み解き、その目線を民の視線としていった。鮮やかな切り口で、見る、知る、育むこと、生き、伝えることの根幹を、海上より伝播してくるものの二メートル以下の目線に例え、そのように伝わってくるもののなにかと、そのように伝わっていくもののなにかを探求し続けたのだ。柳田の命がけの視線をそのような要約に委ねるわけにはいかないが、私の民俗学は、ここに留まっている。ここにこだわりを持って、ここにいた。実感に在るとは、だから、ここから離れないことであった。

地上二メートル以下の目なのである。

高くない、低くもない、浮遊しているようで確実に伝播するもの、漂う、中間に位置するもののあいまいで見えないかもしれなく、か細いもの、すぐに消えかかり、隠れていたかに見えて、またすぐに顕われ出るもの。そして、ずっと続くもの、続いていくもの、柔らかく広がり、決して強度ではない撓りのもの。地上二メートル以下の位置とは、その目線とは、このようなものの総体として柳田には認識されていたのだと思える。そして、その領域はやがて先祖の領域になり、柳田民俗学の起点となっていったのだ。

これは、死者の目線のことでもある。

柳田は、そのことを「先祖の話」として概念化していったが、地上二メートル以下に、死者、先祖の目線があり、また、生者の目線もあるのであった。柳田に取って、先祖とはこの地上二メートル以下に常に、居る者なのであった。その居る者を考察していくことこそが民俗伝承なのだとする思想が柳田の想いを支えていた。

柳田は、自己の思想の根底にこの目の位置を据えていった。柳田の数々の論考の根に隠れるようにして潜んでいる視点が、やがて、子どもの目の位置になり、死者たちが生きる者を見守る霊の位置になるのだ。

私もまた、冬晴れの日、この目線を持つ者として馬上の人であった。

馬が引っ張るソリの上に設置された馬車には、婚姻当事者のご夫婦、仲人さんご夫婦、それに送り任、向かえ任のニンタイの二人が乗り合わせていた。先に述べたように、馬のリズムに私たちはからだを合わせ、「花嫁行列」は街道を緩やかに、緩やかに移動していった。冬晴れの日、その行列は地区全体のイベントらしく大勢の方々の祝福を受けながら、それはそれは盛況で、歴史絵巻図の再現のような華やかな模様であった。こんなにも豪奢で、こんにも祝福に満ちた行事に参加できる喜びをまず､噛み締めた。「ああ、一大イベントだ」私は驚きと同時に、この習俗の復活を意図した方々に敬意を持った。

そして、私はなんと、地上二メートル以下の目に居るではないか。

馬車の高さは地上二メートル程の位置に設置され、私は馬上から少しだけ高い位置、見下ろすのではないが背丈の目線より少しだけ上の目の位置で地上を見る特権を与えられたのであった。私は「あっ」と息を飲んだ。この目線こそが、柳田の教える地上二メートル以下の目線であり、私は、そこに位置することが出来たのだ。

事実、私は目くるめく展開する行列が街道筋を巡る際に、その行列を祝福する大勢の地区の方々の一挙手一投足の全体、表情であり、動きであり、喝さいの声であり、祝福の印を為す行為の全体を、まさに目にすることが出来、その動きに合わせながら私の目もまた、目まぐるしく回転していく運動を体験するのであった。

もう、すでに、私は目の人であった。

見ると云う行為を許された人であった。

柳田の目の位置は、意志の目ではない。それは、そのように見ることを許されたことに対する対応の目であった。そのものを自己の目に拠って見るのではなく、むしろ、与えられたものを選択せずに受け入れる、受け入れを許されてしまったものを見ると云う行為なのであった。そこに柳田の自己意図はない。やってくるものを素朴に受け取るだけが柳田の視線の位置なのであった。柳田は、そのように民俗を学んでいった。

私の目もまた、馬上で、目の前の光景に対応した。

そして、その光景はそのように為していることをそのように受け取っていいと云う印の、許しのサインであったように思えた。私は、目の先で展開する全方位を、私の目に刻んでいるのであった。

「死者の目線」とは、こうした目線ではないか。

私はすでに、死者の目、霊存在の目の者と成るしかない位置を与えられてしまっていたのだ。そして、その目は寿ぎの感情に満たされた人々のからだの全体の、からだの振動に通じている高まりの揺れのようであった。私は、その起こりのひとつひとつを刻んでいくだけで精一杯なのであり、なんという体験であるのかと、少し興奮していた。こうした体験に、私は出会い、許しの位置でそのことを見ていたのだ。

私は、霊の存在としてそこに在る者に成り、その目を与えられてしまったのだ。そう、感じていた。それは、非日常の時間軸に無境界性を持って漂う存在者の目であり、霊存在とは、柳田に取っても、やはり生々しく体験する、無垢を体験して始めて見えてくる像であった。だから、霊は浮遊の存在ではあるのだが実在であり、具体としてそこに顕れ出るものであった。具体の像。柳田は、その具体像を先祖に置いた。

私は見下ろすのではない異の次元(柳田に取って、それは子どもの目線でもあった。)の目で、人と人の動きや在り様、表情や営みの陰影までを透き通らせながら街道筋を巡った得難い特権を、そこで与えられていたのであった。

柳田民俗学の根底に静かに漂いながら潜んでいる因子、揺れながら、柳田を促し続ける思想の因子は、この霊存在の実体であった。それは、子どもの目線でもあると書いたが、柳田は童っ子、小さき者の目の位置を、霊存在の目線と捉えていった。柳田の論考の「軒遊び」の章にある小さき者の目線も、ここに位置してくる。私が参加した「花嫁道中」の送り、向かえの習俗にも、この目線の在り様が差し挟まれている。民俗社会では、すでに、この目線を生の実相に繰り込んでいるのであった。

「軒」と云う、家屋の正面に張り出された小さな建物は家構造の面からも、そこは外でもあり内でもある空間である。軒は一軒の家の構造に沿った棟の張り出し部分なのであるが、民俗社会にあっては、ここを、あいまい空間、霊存在の在る場として仕立てていったのだ。そのように取り込み、想念し、そこを機能させていった。柳田は、そこに民俗社会の優れた創作意識を発見し、芸術行為とも読み取れる糧に、大きな敬意を払い、「軒遊び」の論を展開した。

「軒遊び論」は、小さな子どもを軒で遊ばせていく習俗の考察であるが、このあいまいで無境界性に満ちた空間を柳田は、生の段階的な見立ての具と捉え、また、霊存在が、常に家人を見守っている空間、信仰的な空間であるとした。内でも在りながら外でも在り得る軒と云う空間に幼い子どもを一日中遊ばせておく習俗は、忙しい家人が子どもを見守りながらもその仕事を継続できる合理の場所であったし、軒と云う場で常に家人の目が注がれている場は、子どもに取っての安堵の場であり、生育の段階的な通路でもあった。（土方巽氏の「いづめ」も、ここに置かれることが多く、農作業が庭で展開される場合の際の安堵位置であった。）

ここは、どこにも属することがない、逸脱も許され、なお保証され、拘束されることもない、なお放置されることもない中間地帯でありながら、時間の変化を摂取出来る優れた機能の場であった。子どもたちの多くは、ここで育ち、外の環境を感受しながら、このあいまい空間を生涯の始りの場にした。そのことを柳田は見事に読み解いていく。

母親の、それこそ子宮的な場であると考えることも出来るし、実際、民俗研究で何度も、何度もこの軒を通過した私の体験から言えば、まさにこの場は包みの場であり、通過せねばならない儀礼の意味合いを持った実感の場であるように感じられた。そして、この軒にはその家の農作業道具なども掛けられ、家風を外来者に伝える伝道の場である。私は何度も体験した通過の儀礼的体験を「軒の民俗学」として論考したこともあったが、そここそが、家が外と接触していく世界であり、窓でありながら閉じることも出来る家の独自を保証する空間・場なのであった。また、多様で、豊かな広がりを意識の内に形成することが出来る民俗社会の教育の場であった。

そして、やはり柳田の「遠野物語」には、幼くして亡くなった不慮の死を永遠にするために軒の石下にその子の遺骨を埋める習俗も紹介されており､この軒が、いかに民俗社会の深層に深く関与していたかの真相も明かされている。死者への悼み、ましてや不遇の死への悼みを、そこの場に置き、常に死者と共に在ることを願った希求の理もまた、この軒に托されている。

そして、先にも述べたが、婚礼の習俗にあっての花嫁の送られ、迎えられの行列も、婚家に迎え入れられるチカムカエ、サカムカエの習俗にあっても、この軒がひとつの起点になるのだ。花嫁が外から内へと境界を跨ぎ、そうして家内部に参入していく過程は軒の場的儀礼性を最大限に拡大して行った通過儀礼の変形だと考えることが出来るし、軒を跨ぐは、参入していく内的高揚を準備する心的儀礼であり、花嫁のこころの構えを準備する予祝の行為であった。花嫁が婚家に入る際に小さな火を跨ぐ習俗なども含めて、この軒は、家をひとつの内部空間にしていくための要所であり、その役割と機能を、むしろ、あえて据えることがこころの定めを促す民俗社会の仕様なのであった。

もちろん、婚家に入るのは軒だけではなく、裏口から入ると云う習俗も紹介され、秋田県にあっては、こうした習俗が一般であったことが石郷氏の論考で明らかにされているが、それとて、軒を軸にした反転の行為が習俗化されていったことと考えられ、依然として、参入、顕われを象徴化していく反転の運動に拠って、裏が表に位置付けてられているのだと捉えてもいいのではないかと考えられる。民俗社会のこうした反転性を柳田はさまざまな論考の内部に潜ませて、そのことへの敬愛を隠さなかった。このように軒（象徴化される心象空間）は、建物自体を超えて習俗が信仰の領域に参入していく具体の場、具体の門なのであった。柳田は、民俗社会が編み出し、生み出していく創出の想念を疎外しないように、覆わぬように、塗り込めないように、言葉の出に気を配った。

私はまさに、子どもであった。

子どもが感じ、見るように、ニメートル以下の目線で人々の様相を体験出来る者であったのだ。子どもで在ると特権を印づけられ、まさに、私は霊存在であったのだ。（民俗社会にあって子どもは、最も神に近い存在と認知され、さまざまな場面でその年齢段階を制度化し、子どもを社会に含まれる存在であることを証明している。）

街道はいきいきと行列を見守る人々でいっぱいだった。皆が、外に出て、行列に祝辞を贈った。街道は行列への参入を為す人で溢れ、街は目を見張るような共同儀礼の空間と化した。私もまた、その興奮を味わった。

たくさんの証を明らかにしたい。そうしたことが、この街道に集った方々への御礼になることも承知している。送り、迎える人々の共同意識の今日的な可能性にも言及したい。なにより、「花嫁道中」そのものを習俗の価値として考察していきたい。私は、たくさんの証を検証し、そうしたことを運営した地元の方々の労に報いたい。また、この行事に参加した花婿、花嫁の意志にも多大な賛辞を送りたいが、そのことは課題として今は、自己に留めておかねばならない。いづれ、民俗学研究者として成し遂げねばならないことだと思っている。

そして、もうひとつだけ、馬車からの目の位置のことを舞踏の目として考察することだけは、ここに書き留めておかねばならないだろう。それは、私がひとりの民俗の者に成ったことを証す、我＝民俗のことだからだ。

〈私の証〉

私は舞踏の者であった。

舞踏は、もはや表現ではない。

舞踏は、私と云う存在を定義付けもしない私存在であった。

もちろん、表現を持っているが、そのことは表現であって表現でない、在り様なのであった。

舞踏は慣習（ハピトス）であった。

私存在が慣習と云う習俗に属するモノなのであった。と、述べれば、脱構築からの反論が来る。しかし、舞踏は慣習に属しているのだ。属することは拘泥されることではなく、内在因子として、そのものが、そこに在ると云うことだ。私は因子と鬩ぎ合い、しのぎを削りながら明滅している。からだの内部で、もはや、外と化しているのだ。私は明滅する一個（ひとり）であった。

このことに目がある。目の位置があった。

そして、目は現在だけではなく、私の過去も、記憶も、光景も、関係さえも見るのであった。私の因子が構成されるひとつひとつの在り様を確かに、見るのであった。私は、そうしたことから逃れられないのであったし、逃れることを為さないのであった。属するとは、こうした反転の理のことであった。

私の目は、もはや、幽冥の目であった。私は、子どもであるのかもしれない。生きていることも、死していることも宙吊られた目が、そこにあった。子どもとは、どちらにも往くことが出来る目そのもののことだ。

舞踏の目ではないか、そう感じられた。

馬車の上で、私は踊ることが出来る、踊っている。宙吊られた目が、そこで観て、聞き、感じ、そして応対していた。舞踏の目は漂っていたのだ。空地を浮遊し、空の地に在るものを認知していた。そこが空であるとは、満たされていると云うことであった。そして、在るが、むしろ鮮明な具体に成るのであった。満たされの大地を見ている。たくさんの人が居て、たくさんの声を上げ、花嫁行列を喝采していた。

二メートル以下の目線であった。

私は舞台と同じな目を持って、眼前を捉えていた。それは踊り合う人々を、私と同じと捉えることであった。同じとは、より、リアルに、より、いきいきとそのものが飛び込んで来ると云うことだ。同じは同体ではなく、それぞれが異体であると云うことだ。異なるものの補い合い。舞台に在るとは、互いの補い合いなのであった。そして、眼前のこととの補い合い。

そこでは、習俗が真新しい出来事に変化していた。

踊りの経過を経る様に、出来事は移動していた。馬の歩行に合っているのかもしれない。しかし、鬩ぎ合うのである。その場で、炸裂し合う、明滅し合うのだ。逸脱し、入り、出て、囚われ、凌駕する烈しい実体。習俗とは属しながらなお、はみ出し、そしてまた、属するものの実体であった。

もう、すでに、矛盾であった。属することは、属しながら自在であるのだから、もうすでに、そうしたことは矛盾であったのだ。そう、生きること、生きて在ることが、すでに矛盾であるように、馬上に、そこに在るということも、目を持つということも矛盾なのであった。

ハピトス、慣習とは、すでに成したことを差すのではなく、これから成すであろうことを示すことであった。在ったことがそこに在るのではない。在ることの反復だけが舞踏に成っていくのであった。踊るとはだから、常の更新であり、常の持続の変成であった。慣習の舞踏とは、だから、習俗に関わり続けるのであった。土方先生も、そこに居た。

私の目は、戯れの、関係し続ける目であった。

馬上で、二メートル以下の位置で関係し続ける目であったのだ。

舞踏する目とは、だから、私が民俗に成る目であった。ひとりの、ひとつの民俗に成ることの許しを、そこで得ると云う「恩寵」の、与えられ、であった。そして、私はひとつの、ひとりの存在に成るのであった。

私には、過去も現在もなかったのだ。ただただ、私は浮遊する因子であった。

だから、私は慣習に成れ、ひとつの習俗に成れたのであった。因子が睦み合い、鬩ぎ合い、明滅し、舞踏していた。幽冥の目とは、この与えられのことであり、私の目の「花嫁道中」のことであった。

〈そして、感謝の証〉

私は証さねばならない。

こうした習俗が復活されていくことの多大な意義のことを、最後に考えねばならない。

「花嫁道中」は１９８６年に復活された行事だと、聞いた。

時代の自閉化は急速に社会を閉じの状態に置いてしまっている。生存すると云う生の機能は拡大の一方通行を止め、もはや、限界値が明かされるまでになった。文明の進行は、緩みに向かわねばならない必然を超えて、これまでの生、これまでの生活、これまでの地域、これまでの人間の概念を大きく変更させねばならない事態になっている。

ここで文明論を述べていく余裕はないのだが、私たちの身の丈の暮らしや、私たちが生きる小さな場は時代の急速さに曳きづられ、かってそのようで在ったことを大きな変更させていかなばならない必然に置かれてしまっている。

私が言う習俗概念にあっても、すでに、これまでの民俗学では収まりが効かない事態の変更を余儀なくされているのだ。そうした事態を受けつつ、幾分牧歌的に、幾分手前勝手に、民俗の復興などを述べても、それは罪深いロマン主義の罠に民俗社会の人々を落とし込めていくことになるだろう。

集落は急激な人口減に見舞われ、地域経済もグローバルの波に洗われ無秩序化し、なにより、地域に在ることのつましい願いすら解かれてしまっている時代の、現実の今性が、痛ましい程に、地域、そこに住む人々を直撃している。今が、人間の生存の直接性に成ってしまった。そして、今は、ふたつの西暦の歴史的な事態にも絡み合い、人間の生を更に不穏に、さらされの危機に置いてしまっている。だから、ここからの脱出などと緩い戯言を披露しても、事態は収まらない。学問（芸術でさえ、）は処方の途を述べてしまいがちになる。処方箋めいた提言を為し、自己完結していくだけの方策を披露し、啓蒙の途に着きがちだ。

私は、虚無主義を標榜しているのでも、いたずらに悲観しているのでもない。習俗の復興などと云う祈念を述べていく際に気を張らねばならない戒めの道理をまずは、自己確認しなければならないと思っているのだ。この文章でずっと通奏低音のように奏でていた柳田國男の民俗学は、その学問の披露において、気の張り、言葉の送りの真摯さを、一番の戒めごとにしていた。そうした態度が言葉の責であると、柳田は声を絞っていた。

道徳的な格言に聞こえるかもしれないが、柳田もまた、危機を危機として受諾した果てに表出されるものとしての言葉を、民俗学、学問、知の道としたのだ。柳田が直接的に復活・復興の言葉を発したことはなかったが、柳田の目は、常に持続の内にあった。民の持続。繋がりを経ながらも緩やかに接続され続けていく可能態、それが柳田の民像、民俗学であった。柳田の生涯のモチーフが、そのことに賭けられていた。

そして、今、私もまた、継続、連なり、復活を考えている。「実感の民俗学」＝「慣習の舞踏」が、今に、恩を受けた、その母体である民の基層の持続を、私もまた、願っている。願い＝変更、再生、そして連なりを言葉の表出で捉えたいと思っている。言葉とは、ここでは内在表出のことだ。だから、舞踏でもある。

そして、始めに述べたふたつの西暦の歴史的な事態が、すでに急速に、私の願いを補おうとしている。「恩寵」の表出が、私の目の前に顕われたからだ。「花嫁道中」は、私に取って、恩寵として、やって来たのだ。このことを検証しようと思う。

「恩寵」とは、普遍とはなにかへの問いであった。

民俗は固有を纏う。そこで、そこだけで完結する独自を民俗事象は旨とし、むしろ、そこで流通していくことを事実にするのだ。もちろん、交通、移動、交易と云った概念から知られるように「固有」は拡散を伴い、伝播する実態となって民俗社会は普遍を獲得していく。柳田の「海上への道」も、この普遍を書いた。しかし、民俗は依然として、独自、土地成り（生理）、そこの生活規範、そこでの関係と云った固有を旨として始りに着くのだ。そこの土地で行われる、そこで育って、そこのものとして流通している在来の、そこで親しまれ、そこで活用され、そこで普遍化されている土地成りが、そこの場を形作り、そこの地域を形成するのだ。そして、そこには独特な風土感覚が育まれ、独自性の強い文化が広がりを見せていくことになる。

「恩寵」（恩寵としての言葉）であるとは、この固有、独自を普遍に仕立てていく方途だと思う。その問いを「花嫁道中」が、私に印象付けていた。

確かに、秋田県の一角で、地域の盛り上げと活力の再興を繋いでいくために実現された復活の行事であったが、その復活の行為は、「恩寵」の言葉と成って、時代に取って真に必要な、時代に取っての絶対価値として、そこで普遍化されたのだと思える。普遍化に必然的に向かってしまったのだ。

「花嫁道中」の復活は、地元の方々の切実なる願いの結晶として、雪を活用した行事の実現に拠ってなんらかの功をそこに刻みたい熱い思いの実際として、かって存在した習俗を、かってのままではないが時代に沿うように復活して行った習俗の更新なのであるが、それはもはや、人々にかっての状態を思い起こさせ、人々を繋がりへと促し、人々を何事かへ向かわせ駆り出す、祝祭の、喝采の真理を、もうすでに帯びてしまった稀有な、奇蹟的な事象であるかもしれない大切な、民の財産、糧としてそこに在る、それは普遍であった。もう、それは普遍であった。「恩寵」であった。「恩寵」に成る言葉を獲得して、そこに在ったのだ。

だから、私たちはもうすでに「恩寵」を受けているのだ。

民俗事象、習俗の復活とは、このことに決定づけられている。

私たちの時代に、復活を意図し、そのことに向かい合う人々、そしてそのことに労を傾けること、もはや、それ自体が民俗の糧なのであった。たったひとつの民俗に成ることであったのだ。私は、そうした事績に参加した。

そして、「恩寵」とは、歴史を生きると云うことではないか。

歴史、それは刻まれた過去ではない。過去でもあるが、現在に機能する変更のことであった。歴史は変更しているのだ。人々は、この変更を現在で生きている。民俗社会は固定化のなかで自足する在り様のように思われているが、それは常に動き、常に働きかけている変更への意図を緩やかな移りに委ねている実態だ。そこに先祖、死者と共にして者の目線も潜んでいる。柳田はこうした民のリズムを愛し、どんな時間軸でそのことは動いているのかを考えた。

だから、歴史を生きるとは、そこに在りながら、そこを変更しようとする運動、そこを望ましいものに向かわせる働き掛け（物語の創出）だと考えることが出来るだろう。そして、秋田の方々は「ゆきとぴあ七曲」を以って、歴史に参画しようとしたのだ。自身のことだけでない民の歴史、習俗の歴史に連なろうとしたのだ。歴史に生きようとした。そして、生きて往った。

こうしたことが、すでに、ふたつの西暦に挟まれながら、それは「恩寵」の言葉に成ってしまったのだ。「恩寵」の言葉に成るとは、そのことが普遍に向かいつつ、歴史の実体として機能していると云うことだ。ふたつの西暦に挟まれながらとは、だから、もうすでに「花嫁道中」、習俗の復活が私たちに機能するものに変貌し、私たちの前に歴史の事実として置かれたと云うことだ。復活が生きている。民俗の持続が、そこに在る。

芸術は、このとき、なにが出来るのであろうか。

そのように問うこと自体が不遜なのかもしれないが、馬車の上で私は自問していた。

それは、「花嫁道中」を表現することではないだろう。この瞬間、与えられた習俗を受けながら舞踏の者として、私はどのような受けを持てばいいのかを思考していた。

だから、私は目の者に成ったのかもしれない。見たもの、聞いたことを内在因子に取り込みながら、私は自己の存在を、常に、飽和の、常に溢れの状態に置いていかねばならなかった。それは、ひとつの礼でもあったようだ。こうした体験を与えてくれた復活の媒体に、そしてそうしたことを意図した関わりのたくさんの人々へ、それに主体、当事者としてここに参入した友人ご夫婦の意欲に、私は礼を尽くしたかったのかもしれない。

だから、私は、私の内在因子を、と云うことはこの行事への参画を生きねばならないと思った。生きることが無残であってもいい。勝利者でなくともいい。舞踏は、悲劇（＝喜劇）への促しを生きねばならない事態に置かれる目の前の、生だ。「零落の王」であった。

「零落の王」とは、身の崩しではない。身の立ちなのだ。身を肯定していく、その促しと推力に生きることであった。身の一切の肯定に立ち会う、身自身のことであったのだ。そして、辿り着く。かろうじて辿り着く。身自身が、民俗の末端に、裾野に、一介の者に、連なる。かろうじて連なる。

ああ、乞食と成る。

零落の王とは、乞食の者であった。

持たない者ではなく、問う者として、いただく者として、受け取りの者として、そして喜ぶ者としての在り様。「芸能の王」に成る。

そう、民俗の肯定（生の肯定）に沿いながら、一切の肯定に沿いながら、私は、我＝内在因子をさらさねばならない。

芸術の返礼を果たさねばならない。

復活へ開かれていた２０２０年1月25日。

冬晴れの穏やかな、それでも寒中の底冷えが次第に襲ってくる、祝祭の一日。

私もまた、舞踏の祝祭に生きていた。

薄雪の大地に人々が群れ、口など、開け、地上の目線をこちらに届ける。

目と目の合いの手が馬車舞台で納得される。そう、「もう少し踊れる」。もう、少しだけ生きれるかもしれない。生きることが許されている、ここでは。舞台では。

人と人が互いを譲り、互いを補完する。人と人が人と人の奥を知る。納得し、頷き、次へ、もう少しへからだを伸ばす。手を上げ、縮じこまったからだを温める様に足踏みし、ステップ踏み、了解の気脈を遊んでいく。

馬上のステップ、大地のステップ。舞踏の徴が合いの手であった。

私は民俗に成る。

たったひとつの、たったひとりの民俗に、私は成るのであった。

私もまた、「他愛ないひとり」に成る瞬間であった。

稀な体験を与えられ、私は稀な体験をしているのであった。私は訪れの人であり、迎えられの人であった。花嫁、花婿さん同等に、入り人であり、祝いを受ける人であったのだ。

祝辞

中本道代

宮岡秀行さん、撓子さん、本日はおめでとうございます。美しい花嫁道中だったことと想像しております。

二年前の冬、秀行さんと撓子さんを私は別々に知っていました。秀行さんは広島出身、京都在住の映像作家としてすでに知り合っていました。

撓子さんは『銘度利加』という瞠目すべき第一詩集を出されたばかりの新鋭詩人として、お名前だけを心に刻んでいました。

秀行さんはそのころ書店で『銘度利加』を見つけて読み、メールで感動を伝えてきていました。私もその感動にうなずきながらも、お二人の星はそれぞれ遠くにあるように見え、その軌道が大きく近づいて重なる時が来るなどまだ想像もできないことでした。

その春に『銘度利加』はH氏賞を受賞し、授賞式で初めて撓子さんにお会いしました。赤いドレスを着た背の高い撓子さんは、北国の山や森や湖を通ってきた女神様のようにも見えました。

それから間もなく秀行さんから「撓子さんと結婚します」というメールを貰い、大変驚きました。本当に、秀行さんは人を驚かせる名人です。

けれど秀行さんの確信はそれほど深いものだったのでしょう。

今、お二人は雪の降る地でどんな風に暮らしていらっしゃるのだろうか、と時々思います。

お二人の星がほんの少しの距離をおいて、降りしきる雪の奥でまぶしく瞬いているのが見えるような気がするのです。
お二人の星は創造の星です。
その光がずっとお二人とともにありますように。

二〇二〇年一月二十五日

二本のデクノボー

十田撓子

出会いと始まりとは同時のものではない
わたしたちのように
出会う前から始まっていたなら
それはあなたがここに渡りつくより前
極東の霧か黒土を見たときか
それよりもっとずっと以前

たとえば
少年は自転車に乗って一人で峠を越えようと試みた
少女は自転車で夏の放牧地を抜ける峠をひた走った
時と場所はまったく異なるうえでの
幾つもの共時性から

ともかく始まりは 始まっていた
どこからが始まりなのかは わからない
いつから始まったのか はっきりとはわからない
出会う前の それぞれの歴史を生きながら
こうして いつのまにか
わたしたちは始まりを受け容れている

だから 終わりもいつのまにか二人して
その始まりを 終えてしまうだろう
愚かに 幸福に
そのような始まりと終わり
或る一本の樹木のように
わたしたちは老いたことも知らない

花嫁道中七曲峠越え

藤原祐子

冬の風物詩、
として名高い羽後町の一大イベント、２０２０年1月25日（土）第35回ゆきとぴあ七曲「花嫁道中」に、仲人として新郎新婦と共に馬車に乗った。
広島県出身の宮岡秀行さんが十田撓子さんと結婚し秋田県に住み、秋田県人になったことも喜びたいし、カメラを携えて何度も越えた七曲り峠、土方巽が通った七曲り峠を二人でなぞり、時代と歴史と悲喜こもごもを見守って来た峠の湧き水〝長命水〟をてのひらに受け口に含み「この峠を花嫁姿で一緒に越えてみたいね」と、二人の湧き出づる想いのメールが送信されて来た。その願いがこの度叶ったことを万感の思いで喜び合いたいと思う。

運命の序曲 ——

十田撓子さんとは同人詩誌『密造者』の会に2016年96集より入会されてからのおつきあい。2018年の秋田県現代詩人協会の詩集賞に彼女の『銘度利加《めとりか》』が決まり、受賞祝賀会で私が花束贈呈役であった。『銘度利加』は同年3月4日に第68回H氏賞を受賞している。

羽後町田代に舞踏家の土方巽と写真家の細江英公さんが突然現われ、写真集『鎌鼬』が出版されたのは五十年余り前のこと。そして2016年10月22日「鎌鼬美術館」がオープン。撓子さんはオープン前の様子を見たいと準備段階のときにお母さんと訪れ、現理事長の菅原弘助さんが案内したとのこと。私はオープンの日に宮岡さんと出会った。

羽後町に美術館設立はめでたいことと、ココア色っぽい牡丹唐草文の色無地に、淡い色調の鳳凰文袋帯を締め参加した。

昼、かやぶき山荘・格山で宮岡さんと同じテーブルだった。ハサガケ新米のおにぎりと手打ちそばを待っている間に、「立派なカメラですね、カメラマンさんですか?」と声をかけた。「ま、そんなとこです」「どちらから?」「京都です」「まあ!遠くからお出でで!」が最初の会話。後で撓子さんに、よくぞ声をかけてくださった!と喜ばれた。

「めでたいことなのでこの着物姿にしましたが、少し浮きますね」に「土方巽が一番喜んでいるでしょう」と。宮岡さんはオープン記念に踊られた舞踏家で民俗学者の森繁哉さんと友人の間柄と後で知った。会場の旧長谷山邸でスタッフの同級生に、展示されている飯詰のことを知りたい人がいるからと、説明を頼まれ行ってみると、宮岡さんであった。

もっと訊きたいことがあるかもしれないからと〝スタジオ・マラパルテ 宮岡秀行〟の名刺を差し出し、交換したか定かでないが、連絡先を教えたのは確か。

その年の12月に電話があり、土方巽の作品〝犬の静脈に嫉妬することから〟を元に一時間の映画を撮りたい。ついては土方が多分見ているであろう西馬音内盆踊りをワンシーン入れたいので踊ってほしい、と。雪が散らつく12月12日、アラバマソングに合わせて四人で〝がんけ〟を踊った。

撮影時に鎌鼬の会事務局長阿部久夫さんご一家に大変お世話になった。

飯詰に入った赤ちゃんの撮影は、かやぶき山荘・格山で。昼食にお弁当や熱々の汁物も出してくれた。盆踊りの撮影はかつて土方が踊った旧長谷山邸で。大々的に改修工事中であった。床が抜けるおそれがあると畳を敷き戻して仏間で踊った。作業をしていた人達が撮影中静かに待っていてくれた。

冬の人の住まない旧家は寒い。が、炭、石油ストーブをのんのん焚いてくれたので伸び伸び踊ることができたのだった。

それから宮岡さんとたまにメールのやりとり。秋田市でブラジル在住の知人が上映会をやるから見に行ってほしい、とか。そして流れは撓子さんに繋がることに。

「銘度利加」には深い闇の底に沢山のゆらめきが息づいています。青も単純な青ではなく複雑微妙な蒼の感じがして、これは「病める舞姫」だろうかと思いました。朗読を入れるとなるとほんの部分なのですが、秋田弁で、ではなく、秋田のイントネーションが必要です。とお伝え下さい。その詩集の編集者の藤井一乃さんとは知り合いなのですが、藤原さんとメールを交わすまでは思ってもいなかったので藤原さんの霊媒を介するのが正しいように感じております。

……偶然は生きる歓びのひとつですから何よりも大切にしたく……
病める…と銘度…の深い闇の底に沢山のものがゆらめきと息づかいの交錯、そこが大事。

——十田さんの朗読依頼の件を県現代詩人協会事務局の寺田和子さんに相談、結果、十田さんに快諾して頂いた。

第一回花嫁道中は

土方巽が亡くなった1986年1月21日の一週間後に開催されたとのこと。

雪国こそ楽園、と、何年も案を練り、田代農協（当時）の全面的協力を得て立ち上げた初代実行委員長の菅原弘助さんが、35回目にして初めて表舞台の迎え任体の役割を担うことで、感慨もひとしおと高揚していた。

送り任体は宮岡さんの友人で鎌鼬美術館と縁の深い山形県の舞踏家で民俗学

者、森繁哉さん。

道の駅うご端縫いの郷を出発し、十二キロの道のりを五時間かけて旧長谷山邸に到着、例年は良縁祈願祭、鏡割り、紅白もちまき、みかんまき、冬花火等なのだが、イベント終了後引き続き旧長谷山邸で本物の披露宴を執り行うことで、実行委員会の粋な計らいにより、二人の結婚式となる神事も行われた。

エッセイを書く段に

なり構想がまとまらないと、私は決まって関係ないことに手を出す癖があるようだ。この度は送られてきたまま封を切らずにおいた「銀座百点」二月号を開けてみた。

巻頭座談会『オニとともに生きる国―おそれと親しみと―』のテーマで、三行目に、大徳寺真珠庵の「百鬼夜行図」が出て来て驚いた。

なになに？宮岡さん達がキューピッドへ挨拶に、と初めて我が家に来られた時、私のイメージにぴったりのという土産が「百鬼夜行図」縮刷版絵巻。エッセイを書くことと関係ないことに手を出した筈なのに、偶然見事に繋がった。

以前宮岡さんは私を、人や物事を繋ぐ何かを持っている霊媒、と言ったような気がするが、思いもよらない偶然が発生すると、手足に毛が生えたり爪が伸びて来るのではないか、夜行図絵巻の中にまぎれ込んでいる自分が居るような気になってくる。それも悪くないか、と思うのだから尋常ではない。

その日は暖冬で道路に雪がなく馬車となった。お馬さんが難儀するらしい。空の上の土方巽に程よく雪を降らせてくれますようにと祈っていたのだが——。しかし天気が良いことで例年より人出が多いようだとのこと。

支度は

活性化センター和室三部屋で、それぞれ、花嫁、休憩、殿方の着付、となっていた。

留袖一式の衣装を用意してくれるとのことだったが、私は年代物の半コートだけ借りることにした。家でいつものように髪を整え着付けて行ったので、時々花嫁の支度部屋を覗いたりした。

エイコ美容室の斎藤栄子さんと娘さんの美紀さんが粛々と進めていた。

文金高島田に簪《かんざし》、のかつらを着けたお嫁さんは、いつ、何度見てもウットリする。自分の花嫁姿のときは余裕がなかったなぁ、と懐かしく思い出された。それが今、仲人として夫と同行できることにも嬉しさがこみ上げてくる。

文金高島田は江戸時代に未婚の女性に流行し、品の良さ、格調高い雰囲気が好まれ、明治時代から花嫁の髪型として定着したようだ。日本女性の美意識は素晴らしい。

振り袖も帯も品よく華やかでとてもよく似合っていた。目鼻立ちがはっきりしているし足が長いので、前から見てはもちろん後ろ姿もとても素敵だった。朱色っぽい袂の振りからのぞいている緑がかった青、ターコイズブルーというのだろうか、はっとする配色で、誰でもが着こなせる訳ではないような気がした。それがまたバリッと存在感のある撓子さんにうってつけなのだから大したもの。帯は織り模様入り金色の無地。これがまた全体の品格を上げていて、思わずコクリコクリ頷いてしまった程。

殿方は、花婿、仲人、送り任体、迎え任体、の四人。羽織袴で勢揃いすると部屋の空気も身も引き締まった。

昼食は道の駅製のお弁当。ほとんどの人が完食した。椅子に掛け、旦那様に食べさせてもらっている花嫁の食が進まない。「キュークツなところはない？」と問うと「大丈夫、胸がいっぱいで食べられない」ですって。

活性化センターのロビーに、

大きなブルーシートが敷かれていた。やがて蓑笠が綺麗に並べられ、ガラス越しの光を浴びて出番を待っていた。程なくして凛々しい若者達が入って来た。中学校の野球部の部員とからしい。毎年ボランティアで道中に出るそうだ。前は高瀬中学校の生徒だったが、統合した羽後中学校に引き継がれているとのこと。いい思い出にもなるらしい。女の子もいる。秋田おばこらしく健康的で可愛い。清楚だ。この子達も歩いて峠を越えるのかしら。若いって素晴らしい。

私にもそんな時期があった。何をしても楽しかった。夢中で絵を描いて、バレエを踊って。

その時のバレエの先生が、土方巽と東京の安藤三子舞踊研究所の同門であることから、後々鎌鼬の会に関わることになり、花嫁道中に繋がったのだから面白い。

二人の年表を照らし合わせると、門弟の時期が重なっているところがある。私の先生は、レッスンを終えると、テレビのダンスショーに出た話をちょくちょくしてくれたが、もしかして土方巽と一緒に踊っていたかもしれない。

先生の名は三上洋子、旧姓柴田、秋田県大仙市角間川出身で、写真家木村伊兵衛が撮影し、秋田県のポスターになっているあの秋田おばこ。先生が美人だったおかげで私の人生までときめく。数年前は、大仙市大曲の、吉沢蔦バレエ研究所の発表会〝美の祭典〟にて、洋子先生の人生を演目にするので、教え子であった私に西馬音内盆踊りを踊ってほしいと依頼があり五人で踊った。

鎌鼬美術館がオープンして次の六月、県現代詩人協会の方々が来館した。地元の私は、土方巽が踊った旧長谷山邸で、洋子先生が若い頃使われた風炉と釜でお茶を点てて喫んで頂いた。洋子先生の甥、藤田道《なおし》さんが、先生の実家を解体する時押し入れの奥から出た風炉と釜を、きちんとメンテナンスしておいたもの。彼は私の西馬音内盆踊りの四番弟子、という繋がり。当然大曲のステージで踊った五人に入っている。

旧長谷山邸の掃除、茶道具の出し入れ、会員の送り迎えを、企画商工課の尾久和弘さんと高橋智佳史さんが友人としてとても親切に手伝ってくれた。今、彼等は課長と観光担当として花嫁道中の事務局であるから、どこまでも縁は繋がっていく。

ロビーにいる十代のこの子達の将来が、どんな風に展開していくのだろう。

出発点の

道の駅うご端縫いの郷にワゴン車で移動。町長が出迎えてくれた。ロビーに用意された赤い毛せんを敷いた長椅子に座りお披露目。たちまち人だかり。そこで詩の同人誌『密造者』の会の、寺田、うぶな、豊島、県現代詩人協会の駒木副会長のご一行様とにっこにこのご対面。友人知人も大勢来てくれていた。外に特設ステージが有り、近くにお馬さんが待機していた。

二時、出発式。阿部剛実行委員長の挨拶と新郎新婦の紹介、鎌鼬美術館が縁で結ばれた映像作家と詩人ｅｔｃ．安藤豊羽後町長挨拶の次に宮岡さんの挨拶とインタビュー。

羽後町には妖怪が二人います。二人ともダンサー。一人は舞踏家の土方巽。もう一人は西馬音内盆踊りの藤原祐子、と。何と恐れ多いことをのたまうのか宮岡さんは！度肝を抜かれるとはこのことか、と。

町長はじめひしめく公衆の面前で、土方と並べての妖怪披露は、宮岡さんのキューピッドへの最大の感謝の言葉と受け止め、目頭も胸も熱くなった。それにしてもこの爆弾発言に土方は、きまり悪そうな私の姿を見つけ笑い転げているのではなかろうか。どうぞお許しを！

インタビューで、奥様を何と呼んでいるか、に「パンダ」と即答。奥様の得意料理は？には「んーん、パンダですからササ、ですね」と余裕の返答。

撓子さんの手紙にパンダよりとか、パンダの絵をハンコのように書いてあったりしたけれど――。

新郎新婦のお菓子まきの後、民謡歌手の秋田長持唄、〽蝶ーヨーオナアーヨーオオオ花ヨトーオオヨー　ハアーアアアーヤレヤレーエ　に送られながら六人は馬車に乗り込み、行火《あんか》を抱き足腰を毛布ですっぽり包み、

出発！

沿道にずらりと並び、口々に「おめでとう！」と手を降ってくれる人々に応えながら、馬音川に架かる二万石橋を渡った。昔参勤交代で二万石の亀田と本荘の殿様が渡ったのでその名がついたそうだ。

二万石橋は太鼓橋になっていて、『うご町郷土かるた』に「江戸めざしわたる

殿様二万石」とあり、絵札には赤い太鼓橋を殿様の駕籠が通る様子の子供の絵。遊びながら町に誇りと愛着を、と全町民に公募し平成元年に完成したかるたで、私が提案者。PTA役員時代に何年も案を練り実現したもので、今年も新春うご町郷土かるた大会が開催された。町のあちらこちらに読み札を書いた標柱が建てられている。西馬音内は本荘藩や亀田藩の宿駅地として本町通りに御本陣があった。今はかがり火広場の一部となっている。

かがり火広場は、

行列の最初の立ち寄り先。羽後町の中心部の西馬音内のそのまた中心部にあり、昨年五月、宮岡さんの映画『微塵光―原民喜』上映会を行った西馬音内盆踊り会館の駐車場にもなっている。〝かがり火広場〟の名称は、募集された時、盆踊りおなごの私と、やはり盆踊りおなごの藤田貞子さん、通称〝ながやのねえさん〟

の二人が、同じ〝かがり火広場〟で応募して決定した名。変な名前がつくと嫌だった、と考えることは同じと笑い合った。〝ながや〟はお土産屋さんの屋号である。

毎月、二、五、八のつく日に朝市会場でもある広場の駐車場は、スクールバスの停留所ともなっていて、西馬音内盆踊り公演で出かける時も発着所となっている。西馬音内盆踊り会館と図書館がL字型に繋がっていて、囃子方の道具を収納しており、図書館の玄関から運び出す便利さがあるのだ。

そこに作られた特設ステージで、新郎新婦が祝福され、もちまき、みかんまき、可愛い子供達からの花束贈呈、時計授与式が行われた。記念品がすごい。二人で幸せな時間を刻んで！と、羽後町に本社のある協和精工という会社で作っている、職人こだわりの手作り時計『ミナセ』。後日宮岡さんにイニシャルの有無を問うと、ペアで、イニシャル入り、花嫁道中2020・1・25と記されていて、頂いた時計は太っ腹の品でした！と。ミナセは一般の個人ではとても手が届かない高級品なのである。

　ステージの側にいる私のところに、踊り仲間の阿部恭子さんが孫の希歩ちゃんとやって来た。「ゆうこさん！あの時旧長谷山邸前のかやぶき山荘・格山で、宮岡さんが撮影した飯詰の赤ん坊がこんなに大きくなりました、と見せようと思い連れて来たんだけど、ムリね～」と混み合う場を察し残念そう。道中の時間の流れはご対面というわけにはいかなかった。恭子さんは、宮岡さんの映画『前日譚・土方巽ができるまで』に、十二月の雪がちらつく日、旧長谷山邸の仏間でアラバマソングに合わせ西馬音内盆踊りの〝がんけ〟を踊った仲間。夜の披露宴に踊りに行けなくてごめんね、とも。

　かがり火広場のところで、迎え送りに西馬音内茶道同好会の小澤、柴田、高橋、沼沢さんたちが、「センセー！」と手を振っていた。あらあら、道の駅で出合って、橋場の角でも並んで手を振っていたし、時間を見計らい先回りをしては晴れやかに声援を送ってくれたようだ。追っかけ隊となった彼女たちは、お年のわりに何と若々しいことよ。帰りは近くのお菓子屋さんに寄り、喫茶コーナーで楽しい時間だったとのこと。花嫁道中は彼女たちをも福で包み込んだのだった。会員は他に阿部、志水さんと六人で、月二回、コミュニティセンター茶室でのお稽古をとても楽しみにしていて、思いやり溢れるやりとりに一人ひとりの個性が光る。培われたお人柄に学ぶことの多い大切な方々。

『彦三』

というお蕎麦屋さんが美味しいおそばとお酒を振る舞ってくれた。ひこさは西馬音内盆踊りの彦三《ひこさ》頭巾のひこさかと思う。店主の専ちゃんは西馬音内盆踊りが大好きで、私をセンパイ！と言う。かなり前のことだが、田代の長谷山邸で、専ちゃんが〝田代の行事食を食べる会〟をやったとき、「センパイ踊ろがっ！」となり、今は亡き盆踊りおなごの大御所で藍染め絞り作家、縄野三女さんと三人で踊ったことがある。

店名を正式には、百姓そば屋『彦三』というらしい。

奥様の孝子さんは田代出身で、かつて田代農協（当時）職員として第一回「花嫁道中」開催に頑張った方。農協婦人部（当時）担当時代、「田代の行事食」という冊子の平成六年三月四日発行に尽力されている。披露宴のごちそうは、田代のお母さんたちがそれを再現するそうで楽しみの一つ。また、菅原弘助さんというとこでもあると聞いている。

そんなこともあってか、昨年秋の、鎌鼬の里芸術祭に、そば百五十食程無料提供してくれた。丼　箸一式と茹で人?として〝そば研〟の役員二人を派遣してくれたり実に太っ腹。そして「センパイが副実行委員長がぁ！」と。

どっこいそれだけでは済まされない人物であった。

減反政策で耕作放棄地とならないように、大好きなそばを植えた。身近な農地を守り、里山を荒らすことなく、そばで次世代を繋げよう、と二十年。今では主に関東圏に出荷、六人の職員と、農地を守る、地域を守る、と頑張っている。スローガンは、農地を大切に、儲ける農、儲かる農をめざします。だそうだ。県内二十二団体、個人数名で、数年前そば生産者連絡協議会を創立し、会長とのこと。小さい農家を救わないと―と。専ちゃんの名前は、猪岡専一。

〝百姓そば屋〟は信念と誇りの表現だった。

行列の構成は、

提灯持ち、三棹の長持引、樽背負い、馬方、籠には新郎新婦、仲人、送り任体、迎え任体、計三十名。先導車、世話係、美容師さん、役場職員、馬車用の階段を運ぶ車等、総勢四十名近い。

先導車のスピーカーから秋田長持唄が流れ、蓑、笠、紫の頭巾を身につけた羽後中学校生徒達の歩みも力強く、行列は時代を遡る。〽蝶ーヨーオナアーヨーオオオ花ヨトーオオヨー　ハアーアアアーヤレヤレーエと響きわたる唄を聞いているうちに、県現代詩人協会の詩祭を思い出した。

2018年10月27日のこと。

宮岡さんの映画『夏の花』上映会と、十田撓子さんによる『詩人の愛』原民喜の講演があり、終了後秋田駅内トピコの「扇屋」に会場を移し懇親会が行われた。二人が結婚することを知った吉田慶子会長が、大きな声で「おめでとう！秋田には秋田長持唄という大変おめでたい唄があります。それを歌います！」と、〽チョーヨーオナァーと歌い出したので、私もパッと立ち上がり、ハアーアアアーヤレヤレーエと合の手を入れた。会場は当然のことながら祝福ムードに包まれ、盛り上がり、キューピッドとしてこの上ない喜びをかみしめたのだった。
そして吉田さんは、翌2019年5月19日、西馬音内盆踊り会館で行った『微塵光―原民喜』上映会に、駒木田鶴子さん、寺田和子さんと駆けつけてくれ、詩人協会会長として、これまた大きな声ではっきりしかもしっとりと、かつての羽後町での「青年のつどい」の思い出など、素晴らしいご挨拶をして下さった。

沿道では

少ない雪を集めてお堂やミニかまくらのような祠を作り、みかんやお神酒、お灯明を供えてくれていた。中には三角形に積み上げ、一個一個にローソクを灯し、また、行灯に、花嫁道中 結婚おめでとう と書かれていたりして……。赤ちゃんを抱っこした若い家族からシルバーカーにもたれたお年寄りまで待っていてくれて、家の中や玄関からも手を振ってくれ、中には、手を合わせ、花嫁さんを拝んでいるお年寄りまで、みんなに祝福していただき一同感激しっぱなし。心に沁みる有難い道中であった。

十六時十分

元西雪祭り広場で雪のお堂に参拝、花束、祝い酒贈呈、写真撮影。甘酒を頂く。ゆるやかな坂を下りながら気温が下がって来たと感じた。坂は例年だと雪が積っており滑りやすいそうだが、そう危なっかしくもなくカメラマン達も一緒にゾロゾロ下りたのだった。近くには西馬音内川を挟んで小野寺城址と羋駅跡がある。羋、湯沢間を走っていた雄勝鉄道の電車がホームと共に保存されている。

小野寺城址は、

鎌倉時代末期に築かれた、西馬音内小野寺氏の城で、1600年関ヶ原合戦のとき小野寺氏は上杉方について最上氏と対立。翌年の1601年最上勢が攻めて来る前に、城主茂道が自ら城に火を放ち庄内に逃れたという城跡である。

城の炎上を眺めた所が七曲り峠。その時からおよそ四百二十年経ち、私達は花嫁道中として峠を越えることに。

うご町郷土かるたの読み札に「小野寺の 栄華を伝える 西馬音内城址（し）」があり、約三百二十年もの長い間この地方をおさめた城跡とある。国指定重要無形民俗文化財の西馬音内盆踊りは、土着した茂道の遺臣が踊った供養の盆踊りと、室町末期から踊られていた豊年踊りとが合わさって現在の踊りとなったと伝えられている。

元西雪祭り広場は、小野寺氏の菩提寺、西蔵寺の駐車場であった。

雄勝鉄道は、

バレエのレッスンや高校へ通うために、西馬音内―湯沢駅を往復、片道三十分だった。

発車寸前に駅に駆け込んで来た乗客が「待ってけれ～」と叫ぶと改札口の車掌さんが運転士さんに合図して待ってくれたので、雄勝鉄道の電車のことを「マテポッポ」と人々に愛されていた。二両か三両編成だった。

交通事情が次第に車社会となり乗客が減少したことで惜しくも廃線が決まり、最後の花電車に幼い息子と乗った。五十年近くなろうか。

昭和3年湯沢、西馬音内間開通、昭和10年西馬音内、梺間延長、ということで、東北・北海道の凶作飢饉や第二次世界大戦出兵のため、うら若い娘たちや貴重な働き手の若者たちが二度と帰れぬ別れを惜しんだ場所でもあったという。改札口の木製の扉が開閉する度に、ギーッギーッと軋んだあの音は、人々の喜怒哀楽が染み込んだ声なき声と思えてくる。

さて、一行は七曲り峠へ向かう。

峠の入口付近に「石馬っこ」

がある。

「石馬っこ 親の悲願に 子はくぐり」と、郷土かるたの読み札。神社の参道に、狛犬に代わり石馬が明治2年に安置され、子供が石馬の腹をくぐると麻疹《はしか》が軽く済む、という言い伝えがある。何歳の頃か定かでないが、うながされて少しトキメキながらやっとのことでくぐり、ほっとした瞬間、すね、いわゆる弁慶の泣きどころを台座にぶつけてしまった。あの痛さの感覚は七十余年経た今でもありありと残っている。麻疹は軽く済み、安堵する母の様子も浮かんでくる。

ほっとして油断するな！の戒めだったのかも、と今頃になって思う。風習とは何かしらほのぼのとしたものが漂う。

いよいよ七曲り峠、川を背に右へ。

お馬さんの

名前は〝はなこさん〟鼻筋がまっ白で美しい面立ち。平地はいいが峠の上りであまりに難儀をかけたので、お馬さんと言わせていただく。

数年前まで町内の馬が引いていたのだが、他所の祭りに貸した後足腰が立たなくなり、つぶしてしまったとのこと。大層可愛がっていた馬主さんとは知り合いだったので、その心の内はいかばかりかと切なくなった。その日も馬方の一人として同行していた。

岩手県盛岡からお借りしたはなこさんは、一か月訓練して来たそうでカメラマンのフラッシュにも驚く様子はない。

見事なお尻で力強く歩むが、上りでは、馬車の後ろを歩いていた蓑笠姿の四、五人が、馬車を押すのだった。はなこさんは全身湯気を上げ鼻息荒く進むが、間もなくピタリと止まり大きく頭を振り、呼吸を整え、しばらくしてグイッと動き出す。その瞬間、車内の六人はまちがいなく派手に倒《こ》けるので、外を歩いている人達には申し訳ないが、倒ける度にゲラゲラ笑ってしまうのだった。

私など、花嫁が倒れてくるので花嫁の背中を押さえられるよう左手を伸ばし、さながら歌舞伎の〝暫く〟の仕草の型のまま、任体の森さんの方にドッと倒れるのだった。「あらごめんなさい！」「いやいや！」を、何十回繰り返したことか。

濡れている所が凍っているとのことで、スパイク付きの蹄鉄に替えた。夕闇に提灯の明かりが映えはじめ、パッカパッカパッカパッカとリズミカルな音が聞こえてきて、異次元の世界を行く心地がした。

ワンカップのお酒を少し飲んだ菅原さんが「お花畑の中を行くようだ」。私は「銀河鉄道に乗った気分」と言うとずっと無言だった宮岡さんが頷いた。

来し方を振り返ると、少ない雪の中、ボランティアの方々が一生懸命作ってくれたキャンドルロードが、曲がりくねって幻想的に輝き、眼下に町の灯が広がる所もあって、人々の温かい息づかい、熱い思いに感謝しながら、峠越えを人生そのものと重ね合わせた。

もしかして、小野寺城主ご一行が、城の炎上を見つめたのは、この辺だったのだろうか――。峠には、通る人々の数だけドラマがあるのだろう。家族やお国のためなどと数え切れない涙の別れの場面を想像するとやるせない。今、馬車に揺られ峠を越える。多勢の人々に守られて……。なんと恵まれたことか、なんと幸せなことか。

主題　七曲り峠

として、『うご町郷土かるた』には「絵にしたい　七曲りから見る　羽後の里」

という読み札があり、解説には『元西桛《ふもと》と田代菅生《すごう》の間の峠で、標高《ひょうこう》三〇七メートル。太平山南中腹の急崖《きゅうがい》を屈折《くっせつ》していることからこの名称《めいしょう》があると言《い》われています。

平地西馬音内と田代・由利との物資交流《ぶっしこうりゅう》の重要な通路《つうろ》であり、難所《なんしょ》でもありました。

峠からの眺望《ちょうぼう》もすばらしく、街並や田圃《たんぼ》、奥羽山脈が一望《いちぼう》できます。今は、「ゆきとぴあ・七曲」のイベントが行われ、峠には「ここが地球の真ん中です」の永《えい》六輔《ろくすけ》さんの揮毫《きごう》の標柱《ひょうちゅう》が建っています』とある。

添うようにかるたの標柱が隣に建つ。

〝ここが地球の真ん中です〟

永六輔さん揮毫の標柱、ビッグキャンドルの前で六人は馬車から降りた。

大勢の人が見守る中、送り任体、迎え任体の口上の儀式があり、新郎新婦が共同作業でビッグキャンドルに点火、愛の炎は峠の夜空に明々と燃え続けた。

インタビューと記念撮影。カメラマンの数の多いこと！宮岡さんが「目線をどちらに向ければいいいですか？手を上げた方の方に目線をやりますから手を上げてください」と。さすがです。

二人の任体さんの引き継ぎの儀式は、道中のイベントとして峠の頂上で口上を述べる形をとったらしい。私が子供の頃や私の祝儀の時は、婚家より嫁の家に迎え任体という役目の人が羽織袴姿で挨拶に赴き、ねぎらいの祝い膳をご馳走になった。嫁やりの宴の後、送り任体が先導し婚家へ向かったものだった。

が、座配人の武田清美さんのお話では、「その時迎え任体も一緒に行くはずが、飲み過ぎてベロンベロンになりほとんど役に立たなかったと師匠が言っていた」とのこと。武田さんの師匠は元西の人で、謡《うたい》は〝すけそう流〟。免許皆伝となり今に至っている。他に観世流もあるけれど仙道辺りの人たちはほとんどすけそう流とのこと。

興味深い話をして下さった。「嫁さんは婚家の入口で新しい藁草《わら》履に履き替え、勝手口から入り、そこで仕事をしている人たちに挨拶の後、藁草履の鼻緒を切った。ここはあなたの居場所、としたもんだんすべ」と。私の時にはそんなことはなかった。が、しきたりとは―嫁の立場とは―と考えさせられるお話であった。

また、武田さんに町長が「俺の親父も座配人やろうとしたがモノにならなかった」と言ったそうだが、免許皆伝は誰でもというわけにはいかないらしい。

トンネルを

抜けると下りになり、お馬さんは楽になったようだ。とっぷり暮れた田代地区に入ると、甘酒、お酒が振る舞われた。間もなく到着との安堵感のもと、車内で花嫁と一緒に頂いた甘酒の美味しかったこと。地域の人たちが毎年テントを張って待っていてくれるのだそうだ。紺絣の三角ボッチをかぶった女の子たちもいて、とても可愛らしく、昭和時代の幼い頃に思いを馳せた。この地域では、家の前に花壇や畑などがあるのか、道路から離れて建てられている家が多いようだ。玄関で手を振ってくれているおじいさんらしき姿が、シルエットとなって表情は見えないのだけれど、ほのぼのと伝わるものがあって美しかった。

いよいよ！

と思ったら、田代地区で地元放送局から馬車内からの映像が欲しいと頼まれて撮影していた宮岡さんが、預かっていた大型カメラを返却しようと世話係の女性に手渡した瞬間、はなこさんは何かに驚いたのか、動こうとしたのか、馬車がガックと揺れた。その瞬間、宙に浮いた女性もろとも投げ出されたカメラは地面に落馬ならぬ落車。元バスケットボール部で、田代地区出身の花嫁道中の元花嫁さんの○○さんは幸い、なんともなかった様子で、全長十二キロを歩き通した情熱と田代の大地が彼女を護ってくれた安堵感が馬車内を覆いつくし、壊れたカメラを置き去りにするように、南部馬のはなこさんは何事もなかったかのように歩き出した。

十九時二十分、長持唄が流れる中、旧長谷山邸前に到着。人、人、人、会場にも道路にも。雨や風が吹いていないので良かった！

馬車から降りた六人が、雪の高台に作られた雪のお社に導かれると、実行委員長から、今回は本物の結婚式を執り行う旨の説明があった。太田宮司により、厳かにめでたく、二人は親族や友人、地域の多くの人々に見守られながら結婚式を挙げることができた。

おめでとう！

本当におめでとう！

実行委員長、羽後町長の祝福の挨拶、鏡割り、紅白もちまき、みかんまき。高瀬小学校子供達の田代太鼓、サウンドリング「響」の演奏。演目は〝七曲り〟小雪が舞う中、お揃いの半纏姿で力強く叩く音が会場いっぱいに和して、未来が拓ける響きであった。

新郎新婦の挨拶。早朝からお疲れ様、と言いたいが、空手とスキーで徹底的に鍛えられた心身は頑丈！とお見受けした。

花火が上がった。旧長谷山邸の裏から上がった。「今でこそ冬花火があちらこちらで上げられるが、三十五年前の冬花火は珍しいのではなかったか、多くの方々からの寄付で毎年上げている」と菅原弘助さんが言っていた。

これでもか、とばかり数十発、上がっては頭上に色とりどりの天の傘となって空いっぱいに開く。実行委員長が二人に「花火はあなた達のために上がっています」と大きめの声で囁いた。

なんと豪勢な！長谷山邸に住みついている土方巽の魂も、花火と一緒に天に舞っているのではないか、鎌鼬美術館で結ばれた二人を祝福しているにちがいない、きっとそうだと思っているところに大スターマインが打ち上げられ、スタッフも観衆も大歓声!!

新郎新婦はもちろん、私達仲人も任体さん達も、脳裡に焼きついたこの光景は、生涯消えることはないだろう。

実に多くの方々に支えられての花嫁道中、感謝、感謝、感謝あるのみ。羽後町はパワフル！羽後町は温かい！更にその思いを深くした花嫁道中であった。

峠　越え

花嫁といっしょに馬車に揺られ　遡る
夕闇の峠を
蹄の音が遥かより響き
遥かへと誘う提灯の明かりの揺れ
行きついたところは

人知れず滴る
森の草木の露の一滴

ふくらみながら
光と緑と静けさを抱き
ぽと　り
原始の雫が　わたくしの奥の奥に滴る

背中合わせの闇と光
大切なものは
目の前のまっさらな道と足あとのかすかな窪みとの間の　今

蹄の音に引かれ
曲がりくねった峠道を越える
揺らぎながら
あめつちの波動に乗せ
うつろう景色の中

互いに老いゆく哀れを
まっすぐに見つめ合い
うなづきながら
ふっくら炊き上がった朝ごはんの
湯気の匂いに微笑む
今

披露宴は

土方巽ゆかりのお屋敷、旧長谷山邸一階座敷で行われた。真冬、といっても今年は暖冬だが、遅い時刻にもかかわらず、イベント終了後のお疲れのところ、又、遠く広島、岡山、大阪、長野、東京、山形、そして鹿角市や県内各地から、親族、友人が出席され、ゆきとぴあ七曲「花嫁道中」実行委員長はじめとして鎌鼬の会新旧理事長、事務局長、理事、と双方から六名、県現代詩人協会副会長と詩誌『密造者』同人三名が出席、計二十五名。エフエムゆーとぴあパーソナリティでフリーアナウンサーの原田真裕美さんの司会で、厳かに和やかに繰り広げられた。

披露宴は、ゆきとぴあ七曲「花嫁道中」のイベントから離れての催しなので、準備を、前年の２０１９年5月19日「微塵光—原民喜」上映会開催メンバーが役割分担して行った。これまでの三十四年間で､引き続き披露宴を行ったのは二組、その二組とも地元。今回は初めてのケースなので手探りの状態での発進。気がもめることもあったが、何とか開催にこぎつけることができた。

上映会の後、『密造者』105集に、このメンバーとなら何でも出来そうなーと書いた。やはり多くを語らなくとも、それぞれ動けるメンバーは凄い。

菅原弘助さんが、花嫁道中初代実行委員長、現副実行委員長、そして鎌鼬の会理事長ということで、主に阿部実行委員長とのパイプ役。菅原酒店経営。雪中貯蔵酒『七曲り峠』を造り販売している。「羽後五行歌の会」主宰。

阿部久夫さんは鎌鼬の会事務局長。学習塾、書店を家族と経営、町の議員さんでもある。コピー機や紙類など使わせていただいた。

阿部祥代さんは久夫さんの奥様、羽後町商工会女性部三代目部長。因みに私は二代目、現在顧問。彼女は伝統祝い膳と三三九度の盃事を申し出てくれた。

小西忠彦さんは、行政書士で鎌鼬の会理事。彼は事務局的存在。会場受付も。式次第、出席者名簿、席次表、詩誌『密造者』同人結婚祝メッセージ集 等を私と相談、作成、印刷したり綴じたり袋に名前のシールを貼ったり、と、まめに動いてくれた。

「ネエサンこれでえが？」「活字がごつい、もう少し優しい感じに」「わがった！」という具合。毎日のように、また日に何度も出入りする。夫は「小西さんナンギかげるんしな」「いやいや、オレ皆勤賞だんしな」と笑いながら作業を進めた。小西さんは夫と親戚でもある。撓子さんのお父さん経営の温泉、からまつ山荘で、森繁哉さん、阿部久夫さんたちと宮岡さんの歓迎会を泊りがけで盛り上がった仲なので、気心も知れている。お礼の挨拶回りも一緒に行った。資料を本当に爽やかにわかりやすく作ってくれて、感謝！

私も鎌鼬の会理事となっている。主に引き出物と宿の手配、小西さんとあれこれ決めたり密造者とのやりとり、あとお二人さんから盆踊りの依頼があり、その段取り。

ともかく、メンバーの持ち味を活かし、楽しみながらやらせていただいた。私など年だ年だと言ってるくせに、小西さんと、次何だべな！　ん、何だべな！とほぼ同時に言って笑ってしまうのだった。

午後八時

をちょっと回ったろうか、花火の興奮冷めやらぬままご指示を頂き、花婿が先に、次に私が花嫁の手を取り、お屋敷の敷居を跨ごうとした時、座配人さんが右手に持っていた末広を**バッ**と音を立てて開き高々と上げ、同時に何か大声で叫んだ。驚き、瞬時に気が引きしまった。結界を越える。邪気を払う。覚悟を促す。という意味が含まれているような気がするが—。昔の〝敷居を跨ぐ〟という言葉には特別な意味が込められていたことは確か。

仙道、田代地区に数名いた座配人が、現在一人になってしまったとのこと。武田清美さんで、県無形民俗文化財指定「仙道番楽」で活躍している温厚な方のようだ。末広の仕草は招き入れるという意味とのこと。

集合写真撮影を

入ってすぐ仏間に並び新郎が撮ることになっていた。すぐに写せると言ったのに、そういうわけにはいかなかった。

セッティングして空けておいた席に素早く座るけれど、袴が乱れる。秋田弁で言うと、座る時に袴がバホバホする。ジーンズやチノパンのようにはいかない。直しているうちにシャッターが切れる。何回も繰り返し、美容師さんがすぐ直せるように近くに構えていただき、それでも数回繰り返し、何とか納まった。

どんな風に撮れているのやら。小西さんが、その様子を動画で撮っておけば面白いのができたよなぁと言っていた。その場に居たみんなが印象深く刻み込み、後々笑いながら思い出すかもしれない。主役には申し訳ないが、ドタバタ劇のお陰で出席者の距離が一気に近くなったように思えた。

集合写真は

「しまい込んでおくような立派な写真はいらない」との新郎のお言葉で、L版一枚のみ。ハガキ大の印画紙なので白い額縁のような雰囲気。それが飾るのに誠に都合がよい。

かつて盆踊りを撮影した旧長谷山邸の仏間で、新郎が何度もタイマーをセットし直し、自動シャッター撮りしたそれは、背景も、さすがの色合いの仕上がりも、いかにも時代を遡った感あり、二十八名が皆、神妙に、またほほえんで場に溶け込んでいた。新郎新婦のなんと立派なこと！

いまどきの結婚式場やホテルでの集合写真と明らかに大きく異なる。

背景の奥行きのある大きな神棚、天井からぶら下がった電灯が、傘ごと月のようにぼぅと明かりを灯し、年代物らしい頭でっかちの時計は、八角の縁に円い文字盤、アラビア数字だ。そして振り子。針は七時四十分を指している。太い太い長押《なげし》に掛けられてどのあたりの時代まで動いていたのかしら。

長谷山信介さんは「おばあさんが生きていた頃〝ボーンボーン〟と鳴っていたっけー。俺が五歳の頃」と。昭和二十八年頃までは時を刻んでいたらしい。白壁には七福神宝船の扁額がやはり太い太い長押に立て掛けられて。

梁《はり》から吊り下がる自在鉤の前に仲人の夫が座り、後ろには鉤をよけて小林さんが立っている。夫の隣に新婦、新郎、そして私、その隣には広島のお母様が。その後ろにお姉さんの平岡ファミリー。新婦の後ろに撓子さんの弟さんの上田雅之、久美子夫妻。弟さんは協和の温泉〝からまつ山荘〟の専務。また秋田駅アルヴェ一階のコンビニの店長でもあり、『微塵光―原民喜』上映会のポスター増刷り（秋田市内分）と素敵な入場券を無料で作って下さった。撓子さん同様何でもできそうな方。からまつ山荘での宮岡さんの歓迎会でお会いしている。奥様は初対面。撓子さんが二人に向ける眼差しは優しい。そんなこんなで皆さん上手にお顔が見えている。間もなく出番の小さいお酌取りさん達のめんこいこと。長谷山大陸《りく》くんと高橋心陽《こはる》ちゃん、一年生とかー。私も子供時代何度か経験したが、お振袖を着てお嫁さんのすぐ近くにいることが嬉しくて晴れがましくて、その時の高ぶる気持は今でもしっかり憶えている。

写真は、日に何度も目につく。当日の賑わいや緊張感、幸福感が、見る度にシュワーッと湧き出し。私の中でプチプチ弾ける。

宴の時間を

予定より一時間延ばしてよかった！

当初、八時から十時との案内だったので、二時間で組み、宮岡さんに、写真○分、三三九度○分、挨拶○分、祝辞○人○分、祝い舞○分、着替○分、盆踊り○分○秒、と時間配分を話すと、みんなに話してもらいたいし、聞きたいし、無礼講でやってもらいたいから、せめて十一時まで延ばしてもらいたいと。

菅原さんが、屋敷の管理は私がやっているから何時でも、流れで。他の方々も、流れのままに、と言ってくれた。密造者の寺田さんに話すと、「いいんじゃない、その夜限りだもの。みんなで楽しくやりましょうよ」と言っていただけてほっとした。

三三九度の

儀式では、時間の都合で、仲人と新郎新婦のみのやりとり。親族やお客様の分は、お膳にお神酒を注いだ盃を用意しておき、披露宴の乾杯の、おめでとう!で頂くことに。振袖、羽織袴姿の一年生の子供の「お酌取り」は、立派に務めてくれた。男の子がお神酒をちょろちょろちょろと注ぐので、小声で「注いだ真似、注いだ真似」と言っても通じない。飲まないわけにはいかないし、早くもほんわり酔いが回った感じになったのには少し困った。

結婚式の謡も久し振りに聞いた。子供の頃、父が寒中に火の気のない離れでやっていた。よくもまあ、と思ったものだ。喜多流とか言っていたが、一種の修業だったのだろうか。私も暑かろうが寒かろうが毎日三十分、バレエの基本レッスンをやって妹にあきれられたのだから、カエルの子だったのかもしれない。

私が嫁ぐ時、父はすでに他界していたが、実家の大広間で嫁やりの宴、婚家では嫁取りの宴があり、婚家で三三九度の盃を交わしたことが思い出された。

今回、部落に一人は座配人がいたのかと思っていたが、そうでもないらしい。夫の実家の西馬音内田沢というところの、夫の親戚の元校長先生、藤原正麿先生

（故人）は、西馬音内寺町の矢崎幸之助さん（田沢出身）を師匠に、仲間三人と冬季に五年程教授を受けた。田沢ではその昔から座配人の育成がなされていた。と〝西馬音内の地域誌〟に書いている。

現代は様式が変わり、育成とか継承とか、とても無理のようで寂しい限り。仙道の武田清美さんのお陰で、二人は実に貴重な体験をさせていただいたことに。

田代の「伝統祝い膳」

は、阿部祥代さんと阿部ゆり子さん菅原芳子さんが再現してくれた。朱いお膳や器はお屋敷の物らしい。料理を運んでくれた若者たちは国際教養大学の学生さんと聞いたが――。昔ながらの白い割烹着が初々しかった。

一昨年の鎌鼬芸術祭で田代の行事食を展示した。担当は斉藤絹子さん。田代農協婦人部の元部長さん。今はＪＡこまち女性部田代支部となっているが、平成6

年に「田代の行事食」という写真本を刊行している。先輩の柴田文子さんや多くの部員の願いが形となったもの。前にも触れたが、当時の部の担当職員は猪岡孝子さん、百姓そば屋「彦三」の奥様。

部の継承事業であった〝生活工夫展〟平成3年第20回目は、温故知新のテーマで、一年間の行事食四十点を展示。祖先が築き上げた食文化を守ろう、次代の若い世代に伝えよう、と写真本にまとめられた。祥代さん達は見事にその思いの一部を具現化したのである。

宮岡さんからお姉様の感想が届いた。

「ほんとうにね。お膳のものは、心がこもっていた。日本の伝統の継承。すばらしいものだったわ！」

何よりのお言葉！　繋がっているのです。人も物も時も思いも。

お頭付きは大きな鯛。そして老舗のお菓子屋さん〝木村屋〟に特注したという引き菓子。山科でこしらえた土手かまぼこ、こぶ巻きかまぼこ、亀、海老、鯛の形の箱詰めも懐かしかった。

引き出物は、宮岡さんの希望が川連漆器のシンプルなおちょこ。我が家の事務員近野節子の友人、古関隆子さんにお願いした。鎌鼬の里芸術祭に来てくれた人たち。見本の中からデザインと蒔絵の模様を見てぐいのみに決めた。ぐんと値引きしての他に、包装も水引も紅白の手作り。正月返上で水引を〝あわじ結び〟に作ったとのこと。華やかに可愛らしく仕上げてくれた。〝あわじ結び〟は両端を持って引っ張るとさらに固く結ばれることから「末永く途切れないお付き合いをお願いします」という意味があるとのこと。二の膳の引き菓子の箱に、親亀子亀のように上がっていて、座敷にズラーッと並んだ様は美しく賑々しく、手作業の温もりがより華やかな雰囲気を醸し出していた。

お膳に経木の包み。

二人がバイクの前で、寄り添って立っている写真が貼られていた。鎌饂の会からのお祝いの真空パックのハサガケ米。写真に〝鎌饂の里〟のマークと〝2020年1月25日 ゆきとぴあ七曲 花嫁道中〟と、入っていた。味な形状はさすが。写真は経木ごと切り取って飾っている。

バイク好きの息子に（アメリカンバイクボスホス5000ccに乗っている）「スティーブマックイーンが映画大脱走で乗ったのと同じ型なんだって、わかる？」と訊いてみたら、すぐに「トライアンフボンネヴィルだよ」と返ってきた。110年エディション、イギリスの上品なバイクで865cc。

京都から途中フェリーに乗り撓子さんに会いに来た時の記念の写真らしい。鹿角のお墓にお参りしたとか。詩集『銘度利加』を通して二人の愛が深まる進行は速かった。彼女は会う前に予感し、会って確信した、と言っていたから、万年ロマンチック乙女としては、羨ましいほど素敵な出会いとついうっとりして笑みがこぼれる。

宮岡秀行・撓子結婚披露宴 式次第は
　司会　原田真裕美
挨拶・乾杯　媒酌人（藤原勝夫・祐子）
祝いの舞　森繁哉
祝辞　菅原弘助・小林耕二・水橋絵美
祝電・メッセージ披露
出席者紹介
宮岡家の皆さんによる歌

西馬音内盆踊り

藤原祐子　菅妙子　鈴木民子

新郎・新婦　あいさつ

お披楽喜　三上豊

日時　令和2年1月25日（土）20時より

会場　秋田県羽後町田代 旧長谷山邸

披露宴が始められたのが八時四十五分頃

一応十時少し過ぎに中締め、それからおよそ一時間、全員が順番にスピーチ。

個性豊か過ぎるほどの人々の集まり、大いに盛り上がったのは言うまでもない。

媒酌人挨拶で

特に伝えたかったことは、二人が今あることに対する各方面への感謝。撓子さんが他所へ連れていかれると思っていたが、逆に秀行さんが来てくれた。幸多い日を重ねられますように祈るばかりでなく、秋田県を拠点にと決めた二人の、豊かな才能が益々花開くように、自分たちでできることで何かしら支えていかなければとの気持。お母様への言葉、秋田はいい所ですよ。遊びにおざってたんせ（おいでなさいませ）

乾杯は夫が簡潔に朗々と役目を果たした。

森さんの祝いの舞

は、座敷中央でお面を着け神となって舞う格調高い有難いものであった。

使ったお面は「事代主命（ことしろぬしのみこと）」の面で地主神でもあり、土地を主宰する神と考えて下さいと教えていただいた。また、持った御幣は「夫婦御幣」で、白、赤が交わり合いながら、ひとつの宇宙的時空を生きること、そんなことの象徴で、使われた御幣木は桑の木、オシラ祭文のご神木だそう。

土地に生きることの、そこに生きることの歓ばしい刹那と持続を祈願して下さったとのことで、限られた時間とスペースで、目の前に迫ってくる祝いの舞は荘厳であった。

宮岡ファミリーのムーンリヴァーに感動！

あんなに楽しげに伸び伸び合唱するなんて。お姉様はヴォイスパフォーマーとは聞いていたが、平岡ご夫妻が伸びのある力強い声で歌い出した時は、えっ！ミニライブ！　旦那様の校長先生の堅いイメージが吹き飛んだ。歌で結ばれた二人なのかしら、と思った。「アワウタ」古事記、イサナギ、イサナミとお話の中にあったが舞踏家の笠井叡《あきら》さんを思った。笠井さんは、宮岡さん達と原田真裕美さんが、昨年鎌鼬の里芸術祭に合わせ、エフエムゆーとぴあで一か月の土方巽特集を組み放送された時に、笠井さんのインタビューを東京で収録したというご縁のある方。昨年出版の本も古事記の世界と聞いたような。「金鱗の鰓を取り置く術」という厚い本で欠伸と関係あるらしい。土方巽と交流があった方と知り写真集を覗くと、正直土方巽より受け入れやすいかな、と思った。

実は、宮岡さんが当日の朝に、郵便を投函したのは、笠井叡さんに宛てた一通のみだったと後に判明。我が家（藤原プロパン）の前にある赤いポストから、「これから、眼で見、鼻で嗅ぎ、舌で味わい、全身の触覚を働かせて、高天原に行ってきます」と、七曲峠を越えて「高天原」へゆく心意気を書いたそうな。ポストはいっぱいあるのに、わざわざうちの前のポストとは—。ここが高天原への入口と宮岡さんのこだわりが見えてくる。

西馬音内盆踊りを

ご覧いただいた。鎌鼬美術館オープンの日に宮岡さんに出会ったその年の冬、土方巽の作品を元にした映画を撮るため、旧長谷山邸の仏間で、西馬音内盆踊りをアラバマソングに合わせて四人で踊った。今回、同じ場所で踊り、広島のお母様達にお見せしたいと思ったが、時間の関係で無理と思い黙っていた。田代での最終打ち合わせに出た後、二人と我が家で、出席者の席順、名簿、次第など話し合った。その時、お母様達に見せたいから、踊って～と、あの大きくつぶらな目で、彼も一緒に踊って！と。四つの目が私の目にまっすぐに向けられ一瞬たじろぎ、頷いた。その時、老いた目でも少しは喜びの輝きがあったろうか、二人はニッコリ。

あまり短いと踊る方も見る方も、えっという間に終ってしまうので少し心配した。が、結果として時間が延長されたので、程よい長さのCDで踊ることになりほっとした。撮影したメンバーのうち、一番弟子の菅妙子さん、近所の踊り仲間鈴木民子さんが来てくれて、接ぎ衣装、藍染ゆかた、笠、彦三頭巾、と、バランスよい形でお見せすることができた。

次第はお披楽喜だけれど
三上豊さんに一応の中締めを。野球をやっていて声が大きいからマイクはいらない、と。
「この度の花嫁道中は、地域運動、地域活動の鑑とも言える、見事な集い」と、秋田県北大湯（撓子さんの出生地）からいらした、遠くて近い目で見た感動を伝えて下さった。

奥様の芳子さんは世が世であればお姫様と聞いていたが足利尊氏の後裔らしい。とても遠慮深い方のよう。撓子さんが「お二人には、長年とてもよくしていただいているの。私達の家庭菜園の師匠でもあるのよ」と。

事情がある方がそろりと二人帰られた。

延長時間のスピーチは楽しかった。

鎌鼬の会初代理事長の長谷山信介さんが、原田真裕美さんが朗読した撓子さんの詩「二本のデクノボー」を受けて年輪の話をされた。

島崎藤村のエッセイにあるように、木のところに人は一生のうち二度程来る。一度は少年の頃、遊びに。今一度は年を取ってから思い出を懐かしんで。またアンリ・ファーブルは年輪は一年に一つ。木は中心の方から死んでいく。人が入るくらいのうろが出来る。それでも木は外へ外へと生きていく。皮一枚の生。人間より長く生きる。屋久島の木がそう。との内容だったような。

撓子さんの詩「二本のデクノボー」の朗読を聞き、すぐに木の面白いお話ができるなんて、さすが山持ちの地主の子孫、木をよく学んでおられるなぁと。田代郵便局長を努められた方で、今は亡き方言詩人の福司満さん（密造者同人）の全詩集を買い求めて下さった。福司さんとは特定郵便局長会の繋りでもあり、他の詩集も持っているとのこと。

岡山からいらした小林耕二さんが、先の祝辞の際に「世界の宮岡が秋田に住むとは—」と話されたのに対し、スピーチの番になった県現代詩人協会副会長の駒木田鶴子さんが、待ってました！とばかり「秋田をバカにしないで下さい。撓子さんの引力が—」と。また鎌鼬の会理事の小西忠彦さんが、「世界の宮岡が秋田に住めば、秋田が世界の真ん中です！」すると小林さんは、やられたとばかり照れるしみんなは爆笑するし、時間を延長した甲斐がありました！

「密造者」の人たちは

撓子の親戚のように僕は思っているので、出席してもらいたいからまとめてほしい。と頼まれていた。亀谷さんに相談、連絡したところ三人に出席していただけることになった。事情があり都合がつかない方々が多く、ハタと浮かんだのはお祝いメッセージを頂くこと。小西さんに話すと「お願い文を郵送し、届いた文をパソコンで打ち印刷する期間ギリギリ、が、わかった！早く郵送を！」と。その夜のうちに、わかりやすいように、私の年賀状と、宮岡さん達の案内状表裏（花嫁道中馬そりの写真と案内文）のコピー、お祝いメッセージ依頼文、を封筒に入れ、県内同人に送った。後で気がついたが依頼文の中に漢字誤用が二つもあり、ヤッテシマッタ！と思ったが音で読めば同じ、と思うことにした。十三人から届いたメッセージを、小西さんは、字がみんな綺麗だからと工夫してコピーし綴じてくれた。

代表して

「密造者」編集同人で県現代詩人協会元会長の亀谷健樹さんのお祝い文を。

〈お祝いのことば〉

まずもって宮岡秀行さん撓子さん

ご結婚 心からお祝い申し上げます。

これまでお二人に何度かお会いしておりますが、そのお人柄といえ、カメラマンとポエットの出会いが絶妙で最高のカップルと存じあげます。しかも挙式の場を、旧長谷山邸内で、その前に、羽後町の冬の風物詩、そのままを実現下さるとの事、実に詩情豊かな企画で拍手大喝采してやみません。

一月二十五日、雪の七曲峠を菅笠に蓑をまとう馬方に曳かれた屋形馬橇という伝承の行事「花嫁道中」、まさにメルヘンそのものというべき大イベントでありましょう。

是非参加し慶祝したいと思いましたが、都合により、残念ながら欠礼いたします。

当日の無事円成とお二人の萬福多幸を衷心より祈念申しあげお祝いのことばといたします。

亀谷健樹 拝

後日、メッセージ集に新聞記事、祝電等と七曲り峠ビッグキャンドル前での写真コピー、〝ありがとうございます〟のカードを添えて送った。

宮岡さんへの

お祝いの品がお二人から私の家に届いた。

お一人は今治市在住、画家の森信夫様。

森さんは、若くして亡くなられた弟さんの詩を、2018年、ふらんす堂から『森 雄治詩集 蒼い陰画』出版。十田撓子さんが、〝蒼い眼を持つ男のこと〟と題し栞文を書いている。また、銀座での個展案内が宮岡さんから届いたときに、高輪の同級生、茂木八重子さんに知らせたところ、画廊を探して、一枚購入して来た。ということがあった。

届いた物を開けると、作品らしい包みがあり、そのまま会場へ運んだ。『犬の静脈に嫉妬して』に寄す、という題の絵だったとのこと。

もう一人は岡部昌生様。フロッタージュの現代美術家。北海道出身。広島の被爆樹をフロッタージュしている姿を、淡々と映し出した短編『エビオニーム』また『徴は至る所に』などドキュメンタリー映画、宮岡さん監督作品。やはり届いた作品は会場へ。

中本道代様より

の祝辞は素敵な内容。

中本さんと宮岡さんは、2017年のクリスマスには、すでにメールで詩集『銘度利加』に就いての感想を交歓していた間柄。行きつけの京都の本屋で偶然手にした黒い詩集の感触を、最初に伝えたのが中本さんだったと、宮岡さんは回想する。読み人しらずではないが著者名も、また「銘度利加」という漢字も読めないまま手にした一冊の詩集とのめぐり逢いの証人とは、中本さんだと宮岡さんは言う。詩は小説やテレビと違って、空間や時間の消費物ではないから、とは詩集を

発見し続けて来た広島の〝青年〟の姿が思い浮かんだ。

中本道代さんは広島県生まれの詩人。最近では、2018年『接吻』で第26回萩原朔太郎賞受賞。

宇野邦一様より
の全文を。

お二人を結ぶ道中と婚礼は、きっと土方さんの霊に見守られていることでしょう。

十田さんの詩魂と宮岡さんの映像の力が結び合って、かまいたちのように、大暴れされることを期待してやみません。

お幸せに。

宇野邦一さんは哲学者。松江市出身。立教大名誉教授。専門は映像身体論など。
宇野さんは宮岡さんの映画『光の種子』で撓子さんとナレーションを担当している。

鈴木昭男様 宮北裕美様 より
コンサートツアー中のオーストラリアから。

牛の背に揺られての花嫁花婿さん
おめでとうございます!
ぼくらは 今 南半球のタスマニアについて羊の群の中にいます
MONA美術館へのフェリーボートにも

羊がいたので 二人で羊にまたがって
お幸せな お二人に消らせていただいています

国にかえったら
花嫁道中の映像を楽しみにさせて
いただきます
CONGRATULATIONS！

お二人は宮岡さんたちの婚姻届の証人と聞いている。

その後、「宮北裕美さんに、以前小林嵯峨さんに教えたように、藤原さんの盆踊りを教えてほしい」との申し出があった。

舞踏家の小林さんの時は、何年か前にフランスのダンサー、メルビンさんと一緒に数時間の体験程度の指導だった。それでもダンサーはのみ込みがよく体が動くので教えがいがあった。

宮北さんは京丹後から、ちょうどコロナ感染が少し落ち着き、県外との往来が出来る時期の2021年12月7～8日の二日間、西馬音内盆踊り会館での稽古。大仙市協和のからまつ山荘（撓子さんの父上経営）に泊まり、車で一時間ちょっとかかるがよく頑張りました！

イリノイ大学芸術学部ダンス科卒の彼女は、当然ながらちょっと練習するとすぐ様になる。もう一日あればマスターできると別れを惜しんでいた。八月の本番に来たいそうだが、ドイツでコンサートツアー中とのことで、実現を祈るのみ。

披露宴当日
詩人、野木京子様からお花と電報が届いた。

彼女は第57回H氏賞受賞者で宮岡作品『微塵光―原民喜』に、民喜が千葉で暮らした家を探し歩く、という重要な役どころで出演されている。

野木さんからサイン入りの詩集『明るい日』をいただいた。お礼に、感想と上映会のチラシと新聞記事を同封し、拙詩集『編み笠をかぶれば』をお送りしたところ、丁寧なお手紙と詩誌『八景』をいただいた。

巻頭の「深々と」に心を寄せて下さり、また、お母様を喪われたそうで、私が亡き母を思い書いた「北斗七星」「虚」「視線」などから、「悲しみや後悔は私一人のものではないのだと、北斗七星を見るたびに、母から受けた愛情を思い出せばよいのだと」と。そして、「盆踊りは、この世にいなくなってしまった人たちと共に踊る舞なのだと、詩集から教わった一番大きなこと」と。根っからの西馬音内盆踊り女《おなご》として、とても嬉しく思う。

また、麻木久美子様、三浦須美子様の連名で祝電が。彼女たちは撓子さんが図書館にお勤めしていた時の同僚。久美子さんは司会の原田真裕美さんのお姉様。原田さんと知り合って偶然のご縁がわかったとのこと。やはりご縁は面白い。

「密造者」同人発行人、亀谷健樹様、秋田県現代詩人協会会長、吉田慶子様、ゆきとぴあ七曲「花嫁道中」副実行委員長、小野建設社長、小野雅敏様からも沢山のお祝いを頂戴した。

特筆すべきことがある。

おめでたい場に突然の涙で驚いた。

スタジオ・マラパルテ元スタッフ、長野の水橋絵美様の祝辞。「お仕事は辛く苦しいことが多かったけれど、本当に素敵な花嫁道中で、おめでとう！」と、どっと溢れ出る涙にスタッフの絆の強さ、当時のワンチームの熱気が伝わって来た。

彼女は2019年5月19日の上映会『微塵光ー原民喜』のチラシとポスターをデザインして下さり、プリントは経費を押さえるためにと格安のところを探し手配し、私のところにドーンと送って下さった嬉しいお方である。お会いできて本当によかった！

翌日、広島のお母様が我が家へいらして下さった。とても気さくな方。宮岡さんが途中で立ち、小林さんと水橋さんを、昨年上映会をやった西馬音内盆踊り会館の会場へ案内、そして彼らも我が家へ。小林さんは岡山で笠井叡さんの公演を主催、間もなく一家でルソン島に移住される。秋田のハタハタずしが思い出の味となるかも。

と思いきや、この花嫁道中の直後から、じわじわと蔓延したコロナウィルスの影響で、ルソン島への一家移住は中止、その後、写真家の藤岡亜弥さんと宮岡さんの本籍地の東広島市と、総社市とで『夏の花』『微塵光』の上映会を行い、それを偶然見た詩人の斎藤恵子さん（岡山市住、詩集に『熾火《おきび》をむなうちにしずめ』等、多数）がその上映会を、その年の収穫として現代詩手帖に挙げていたこと等、あれよあれよと予想外の連鎖が面白い。

新聞社の

知り合いの方にメールを送信した。「町の人たちが、今度の新郎新婦は町の人じゃないいんだって、と怪訝そうな顔をします。納得できるような前記事を載せてもらえないでしょうか」「支局でも何か考えているかと…話し合います」と。『密造者』を読んでいる方なので事の流れを知っている。私はすぐに、誰が読んでもわかるようにいきさつを書いておいた。支局長が取材に来られ、帰り際『密造者』

五冊と〝いきさつ文〟を貸してほしい、と。

又、田代での最終打ち合わせのとき二人を取材、花嫁道中の旗の前で撮った写真と記事が、1月23日掲載された。紙面の目立つ場所に、見出しも写真も大きく、丁寧な内容で。1月26日は〝「花嫁道中」住民祝福　羽後町　新郎新婦、馬車で峠越え〟

支局長が返しに来てくれた時、前記事をもっと長く書いたのに削られてーと惜しみ、コラムでも書こうかと、と、その日の話をメモ。2月1日スカッとする内容で『地方点描』に〝土方がつないだ縁〟と掲載された。大き目の囲みで。前年の記事と比べてみたわけではないが、心なし気持ちが伝わったように思っている。

妖怪の心臓には時々毛が生える？

鯛逃亡遊泳

駒木田鶴子さんが、県現代詩人協会会報第六十一号（2020年2月28日発行）〝編集後記〟に、「ゆきとぴあ七曲花嫁道中」を掲載。一部引用させていただく。

〈……万歳三唱は23時を過ぎていた。寺田和子さんとうぶなさんが泊まる湯沢ロイヤルホテルを回って我が家に送り届けてもらったのが0時半、豊島夫妻が矢島に戻ったのは午前2時だったと聞く。

結びに笑いをひとつ。

トイレに立って座敷に戻ったら、私の手提げと引出物の包みだけが残されていた。急いで出口に向かう途中、ゆるんだ包みを結び直していたら「あれっ?ちゃんと結ばなかったんだ、すみません」と世話係らしい男性に声をかけられた。

夜中に包みを開けると此は如何に鯛とご馳走を詰めてもらったパックがない。未だ消息不明だ。目の下一尺?のにらめ鯛に逃げられて私までおめでたい人になったという一席。〉

いくら探しても出てこないという鯛の行方は、花火と共に夜空を踊りまくっていた土方巽が、賑々しい宴が終るや「オレにも食わせろ！」とばかりに釣り糸を垂らし、ひょいと釣り上げ、大好きな西瓜にかぶりつくように鯛を味わったのではないだろうか、と、またもや妖怪の思考回路へ入ってしまう私だった。

探し物はそれだけではない。

森繁哉さんが赤い大きめの風呂敷がないとのこと。会場にも泊ったホテルにも見当たらず、ハハ～これとて土方巽が記念にと舞い上がらせ、ひっつかまえて腰に巻き、踊り呆けていたに違いない。いつか稲架か鎌鼬美術館の軒先に、赤いヒラヒラが見えるかも。

はるか過ぎて駒木さんの鯛が、家まで送ってもらった豊島さんの家の車のシートの間から出てきたとのこと。運転してくれたのは旦那さんだけれど、息子さんの車だったので、長い間気がつかなかったらしい。

どこかに土方の幻の歯型がついていなかったかしら。

エフエムゆーとぴあ

に秀行、撓子、小西、藤原が、それぞれ組になり何回か出演。披露宴の行事食を田代のお母さん方が頑張ってくれたことや沿道で祝福して下さる人々の様子、スタッフの熱い心、羽後町の温かさなど。3月6日のお二人さんの放送内容は、学びを積み重ねた熟年カップルがこの後も続いてくれれば——のような、体験総合感想として素晴らしく多くの方々に聞いてほしく思った。

「五輪坂温泉としとらんど」

が、新郎新婦、ご親族、三上ご夫妻の宿泊先であった。「としとらんど」は花嫁道中の出発点「道の駅うご端縫いの郷」から車で3分、羽後町の田園風景を眺められる丘の上に建つ。コテージ棟もあり、別館、田代の「みはらし荘」など人気も高く、町内外から広く利用されている。

社長の佐藤康雄さんに事情を話し、チェックインを遅い時間でもヨシとしていただいた。

披露宴の後、としとらんど行きの代行車が他の宿へ行ってしまったらしく、時間が更に遅くなってしまった。宿に電話するがなかなか連絡がつかない。ともかく、阿部久夫さんの息子さん、雄太君の運転で北沢峠の道路を走り、私達夫婦は予約していたタクシーで同行。

すると、小高い丘に建つ「としとらんど」は不夜城のように煌々と輝いており、フロントのおじさんは深夜にもかかわらずにこやかに出迎えてくれ一同ほっとした。

社長の佐藤さんは、かつて羽後町役場の商工観光課（当時）、税務課、の各課長さんで、私も役目柄長年お世話になり今に至っている。

彼は、寸劇もやるしギターはつまびくし歌も歌う。写真の腕前は相当なもの。アイデアが次々に湧き出し行動する。

としとらんどの別館、田代の「みはらし荘」への山道に、イラスト入りの立て札がある。〝熊は優先〟〝ムジナデート中〟〝へび山歩《さんぽ》中〟〝みはらし荘もうびゃっこ〟など。自然も動物も人間も同じ扱い、仲間なのである。

アニメーション映画、海老名香葉子さん原作の「うしろの正面だあれ」の監督、田代出身の有原誠治さんのトークや展示会も企画したり、ともかくユーモアたっぷりであたたかい行動派。

つい数日前、みはらし荘の雲海が全国放映され絶賛された。

社長がちょくちょく送信する実況の画面で見ても別世界の光景

に心が洗われる。県内のカメラマンはもちろん、県外から泊まりがけで見に来るお客様がおられるとのこと。ぬくもりの宿に感謝。

まだまだ書きたいことが湧いて来そうだが、人と人のめぐり逢いの不思議はどこからやってくるのだろうか。

踊る手は／天と語り／踊る足は／地の声を聞く

これは、オペラ「羽後町讃歌」の一部、私の「西馬音内盆踊り幻想曲」の詩のフレーズだが、天と地の間で踊りながら、目には見えない大きな力を感じることがある。

幾千の魂のひしめき、怒涛のようにうねる時の粒子、ダイヤモンドダストの光を孕《はら》み、うねる……そして様々なモノ、コトガラが作用して、瞬間、瞬間が生まれる……と。

旧長谷山邸に到着し、花火があがる直前に、「あっ 雪」と花婿が花嫁に伝えた瞬間のポーズを、写真家の小杉さんが捉えていた。その身振りは動きは、まさに天から降ってきた運命の力。このとき、この場に居たすべての人々に働きかけ、花嫁道中という動きを起こさせていたにちがいない。

途方もなく大きな流れの中、この度、人々の思いが一点に結集し、記念すべき第35回「花嫁道中」が繰りひろげられたという事実を思うとき、関わってくださった方々に心より感謝すると共に、目には見えない大きな力にも打ち寄せる波のように感謝の念が込み上げてくる。

直後に、新型コロナ感染症拡大で、世界中が翻弄されることになり、種々の催しが休止に追い込まれることになろうとは誰が予測したであろうか。

夫は1月25日にそなえ

直前の業界の新年会を欠席した。人の集まる場所に行き風邪でも引いたら大変、仲人として迷惑をかけるわけにはいかない、と。夫の心構えが嬉しくほほえましく思った。

「一生体験できないことを体験したんだなぁ」としみじみと語った。互いに老いていく日々を受け入れ、少し優しくなったように思う。今を大切に――。

二人は、私達夫婦に、大きな福をもたらしてくれた。

伝統祝い膳・御献立

焼魚　鯛、きんかん煮

さしみ　おまかせ、ワラビ

煮物　さく、人参、しいたけ、こんにゃく、里芋、えび、結びこんぶ

中盛　糸カボチャ、菊花大根（紅白）

ひらっこ　俵豆腐、さけ、くり、しらがネギ

小皿　ごぼうでんぶ

1の吸物　はまぐり、たけのこ、じゅんさい、花麩

2の吸物　さけ、なめこ、みつば

赤飯　茶碗むし、口取り（山科）

漬物

旅の途上で

うぶな

ヤァヤァヤァ、令和最初の花嫁道中！


今年は極端な暖冬で道路に雪がないので馬そりを馬車にかえた。

その花嫁たちの乗った馬車の後ろを テン・テン・テン…車の点滅灯をまたたきながらついていく。

先導する車から長持ち唄がくりかえしながれ、途中モチやミカンや祝いの言葉や挨拶をふりまきながら、七曲峠を越えて行く。

テン・テン・テン・テン…道端の雪をかき集めて作った祝いのミニかまくらが

続いている。

ギューッ！　おや？　花嫁馬車の後ろの車がつぎつぎ弧をえがいていて急ハンドルしている。なんのことはない、馬糞がテン・テン・テン・ととぐろをまいて落ちていた。（オレがこどもの頃は人糞と同じく馬糞が貴重な肥料で馬主はひとつひとつていねいにひろっていったものだった）

オレも反射的にハンドルをきっていた。

馬車が上りの曲り角を過ぎた所で止まった。

車に慣れてしまったオレがなんで止まったのか前を見ると、馬を休ませているのであった。

うす暗くなりいつのまにかかなり上まで登っていた。眼下にはなんというかとてもきれいに街の灯がともっていた。

また少し行くと止まった。右の崖の上に大きな柱が立っていた。車のなかでしばらく待っているとカメラを持った人たちが三脚もかついで走って登ってきた。長い竿の先に松明《たいまつ》が見えた。花嫁と新郎が持っていた。松明が柱の先に触れようとした。

点火？

はたしてその柱は巨大なローソクに変貌した。日程表を見ると〝ビッグキャンドル〟とあった。一体何が行われたのだべが！

少し登って下り坂になった。大きな家の前で止った。前へ行くよう誘導された。ポツン、ポツンと点在する各家の前には火の灯ったミニかまくらが並んでいておもしろかった。一つだけ星がでていた。あの星もこのミニかまくらもなんにもかわりがない生命のように想えた。昔流でいう「いとをかし」であろうか。

行列が動き、花嫁馬車の最終尾についた。少し距離をおき、車を点滅させながらついていった。長持ち唄が家の中にも届くと家人が出てくるのだが、ほとんど花嫁馬車が通りすぎてからのことだった。でもじぃぃぃーっと花嫁馬車を見送っているほとんどオレと同じい、あるいはそれ以上の年老いた人たち、ここを開墾した名誉ある人たちだ。そのことがらがポトンポトンと心の中におちてきた。バックミラーを見ながら進んだ。道に沿って並んだミニかまくらにローソクが灯っていて、その中に年老人《としおいびと》がずうっと見送ってくれている。そのときふと今の俺は時間を越えた瞳のなかにいるんではないかと思われた。江戸時代の人たちも縄文の人たちも手をふって祝ってくれているようなふしぎなうれしさにつつまれた。

水玉が拍動していた。

かくして花嫁道中は旧長谷山邸に着いた。

ヤァヤァヤァ、これからが本番！

なんでかもう暗くなったのに旧長谷山邸前の広場にはたくさんの人がいたよ。
ワイワイワイ、
ガヤガヤガヤ、
テンテンテン、
プツプツプツ・・・・
電灯とかがり火でそれぞれの人の笑顔をボーッと浮き上がらせているので、それはまるで広場そのものが喜びで発酵しているかのようだ。
これから何があるの？
オレは結婚披露宴の案内をいただき、何十年ぶりかで披露宴に出席するそれにワクワクしているのだよ。

だが広場のこの盛り上がりようではこれから何かのイベントがあるのだろうかから、披露宴にはまだまだ早いのだろう。

なんか礼装の人もぱやらっと見えたようだったが、まずは車を置いてからだと駐車場を探した。

だがどこも満車だよ。

探した探した探した、探し続けて奥の奥の奥の心細くなったそれでも奥の細道の雪捨て場の端っこがちょぺっと(ほんの少し)空いていたよ。立て札があった。

雪捨て場　車落ぢだら　どだべがや

ここに駐車したら、暖冬だがら雪がゆるんで、ハブカゲ(涯の意)がら車ごどドッチリ落ぢでしまうがもしれねぇよという注意書きだろうが、今は夜で凍《しば》れるだけだがら心配えらね。まんずイベントだ。礼服はちゃんと車さ入ってらがら、まだジーパンのままでええべ。広場さ行ぐべ。

途中オレの名が夜風にのって流れてきた。

冬だというのに芽生えたばかりの草のような声だ。だがそれはすぐに自らを密造し真実を探りだそうと模索するオレと同じい詩誌の豊島カヨ子さんだとわかった。土のことばを風にのせ、風土《れきし》の匂いがほのぼのとたちあがる作品であったり、はたまた嫁と姑との関係を風土のことばで描いだりする興味のある人だ。

「よぐおざってけだなんし。」

よくおいでくださいましたとオレを迎えてくれた。

すると男の人がぴったりとオレにくっついてきて

「オマエ、オレと同じだな。」

とても云うかのようにふしぎなほど頬笑《ニコエ》んだ。

ハテ、だれ？

確かにどこかオレに似ていて、一瞬たじろいだが、まてよ、風土の表情がニコニコ踊っているのを見て、ハハァ、風土と夫婦なんだ、と直感したよ。

口数の少ない、オメと約束したことは心して守るからな、といった内面が純朴な表情をかたちづくっていた。

彼とは笑顔で会話できた。表情筋を使った笑みの表情だけで云ってることが伝わってきた。だからオレも自然発生的に笑みだけで返答することができた。

「オメのことはなんでも聞いでらよ。」

「だまされだごどもが。」

「それおもしれがったな。」

「その記憶消してけれ。」

「生ぎでればどんたごどもあるもんだ。」

「君子危うきに近寄らず、って声、体の中から聞けできたけばってしぇ。」

「オメがかわいそうだなって思ってやったのだべしぇ。」

「したばって…。」トホホホホ…（笑い声）

純朴夫婦と広場に行くと、広場は相変らずそれぞれのやり方で、ドンチャンドンチャン、ドンドンパンパン…が続き沸騰していた。

見つけた！　去年詩集〝七時雨山〟を出版した密造者同人の寺田和子さんが、宇宙の詩の会の副会長駒木田鶴子さんと話をしていた。

んにゃ、まんつ（おや、まぁ、）七時雨山と宇宙とが、かがり火を囲んで会話《しゃべくってる》しているのもオツなもんだなや。

なんだ？　2人とも礼装だ。そういえば風土も土色の礼装で身をかためている。まだ早いのになあと思ったが、そうか、女の人は支度に時間がかかるからもう家から出る前に準備してきたんだ。そうだよ、今日の披露宴はどんなんだろうと楽しみを描いて着ていくのだろうから、男がパンツの上にパッパッパッとすぐ着れるのとは訳が違う。

みんなはお互いに相手の顔をみつめながら、唇をハート型にして、オレたちには自由の泉湧くという意味の、ホッ！　というちょっとした挨拶の儀をかわした。

まもなくアナウンスがあり、広場は静かになった。

「ただいま花嫁道中から新郎新婦が帰ってきました。」

桜吹雪のような拍手が湧き起こり、かがり火もパチパチ音をたてた。その後またすぐアナウンスがあったが桜吹雪に消され聞きとれなかった。

新郎新婦が神官とともに登場した。

御幣を持った神官が厳かに一振り二振り三振りして何か申されたが、それは、

「宇宙のみなさま、大自然のなかで、この二人が結ばれました。」

という意味のことがらが執り行なわれているんだなとみんなに伝わった。

そして新郎の挨拶、

「みなさんありがとう、わたしたちの結婚をみて下さい、ここが、これが地球の中心です。」

新郎が熱っぽく語り、あっちを向き、こっちを向きし、みんなにお礼をのべていた。が、しかし、実はオレがどこにいるかとひそかに探しているのだなとわかった。

すると、え？　これって本当の結婚式なの??　公開結婚式なんてどういうこと?!　とオレのなかに衝撃がはしり、オレはとっくに結婚式は済んでいたとばかり思っていたから、やっぱり礼服を着てくるべきだったと悔やしかった。そういえばさっきのアナウンスはこれだったんだ。

さて一連の儀式を終え、小学生からのお祝いの田代太鼓がはじまった。サウンドリング「響」の演技。かわいらしくも息の合った力強いバチさばき。―オレも小学生のときに太鼓クラブがあればやってあったのになぁ、というといつもの幻想に浸っていると―「前もって披露宴の案内をいただいている方は旧長谷山邸座敷の方にお越し下さい」とのアナウンスがあった。んにゃあ、もう8時だが。広場の熱気でこんたに暗ぐなってらなんて、ちっとも気付がねがったじゃ。

数十発の冬花火がドンドンパンパンドンパッパッ…と上がるのを背に聞きながら駐車場へと走った。

車のなかでジーパン脱ぎ、あっという間に礼服に着替えた。だがネクタイがどうも結べない。簡単なはずだがすっかり忘れてしまっていた。歩きながらもやってみたがやっぱりだめだ。もう会場に着いてしまったよ。そしたら女の人がツカツカと寄ってきて、首からぶら下がっている紐をとり、わたしにやってくれということなのねという手さばきで、くるくると回したらあっというまにネクタイに結んでくれて、よかった。

上り框《かまち》の高いこと。足の短いオレは、なんでこんなに高いんだと、えい！　と全人生をもち上げなければ上れないほどだ。

そしてとうとう土方巽《ひじかたたつみ》が舞踏したことのある座敷での披露宴の席についた。ここかぁ。

披露宴での式次第が渡された。出席者紹介があり、みんなの前で挨拶しなければならないのかも。でも口下手なオレにどんなことが話せるのだろう。

集合写真を撮るから集るようにとのこと。みんな揃い、「ハイ、チーズ」と写そうとするが、なんかうまくいかない。シャッターを押すだけにセットしたはずだが、何回やってもシャッターがきれない。新郎も気が気でない。そこで新郎自らがセッティングに行こうとして歩きだすと、カシャ、その途中でシャッターが

きれたりして、とてもドンチャンな騒ぎになった。オレはノリノリで、

「ハイ、チーズ、と云われて、みんなともう何回もチーズ食べたけど、まだチーズあるの？」

と笑った。

するとハハァ、そういうことだな、とその笑いのなかでわかったことがあった。それは去年のオレたちの同人誌密造者106号の合評会に結婚した二人が来ていたときのことだった。

最初から順番に合評をしていき、オレの詩の番になると、なんでだろう、なんかしらはじめにオレのものの見方というか、とらえ方というか、ものたちとの関わり様を話さなければならないように突然思われたのだった。

「オレのなかに宇宙はある。オレをかたちづくる六十兆個の細胞は実はその一つ一つが星なのだ。オレの目から見えるものたちも夜空の星もオレのなかに存在

する。これはオレが云っているのではない、オレがオレの細胞とともに感じていることだ。」

という意味のことを云った。

宮岡さんが尋ねた。

「最終連の、生命の水音、は、どういう感覚ですか。」

「これは、せいめいのみなおと、と書いたのだったけど、水音を漢字だけにすると、みずおとと読まれてしまうかもしれないことに今云われて気がついた。」

とだけのやりとりだった。

だが合評会が終り、懇親会になると宮岡さんが云った。

「土方巽の映画を撮ったけど、最後を水滴で終えたんだ。」

という話がはじまると、フーン、同じだな、と思ったが、話していくと、宇宙に興味があったり、そのほかにも更にさらに話していくと、スーッと時間が光を帯びたようにますますますますよくまあこんなひねくれたオレと似たような人がいたもんだ、と咄嗟に自分の貧しさを恥じた反面、まるでオレがもう一人のオレと会話しているようではないかと思えるほどの大らかな時間をもった人なのでしたよ。

でもそれはオレたちはそれぞれ一粒の水滴だ、あまりにも似ているからこそ互いに溶け合って二つが一つになることもあるという当たり前の結論に至り、それゆえに貴重な間柄であるということがわかった瞬間なのでした。

集合写真は何回も撮り直したことにより、あぁまただ、また失敗だと、それぞれがこれでもかこれでもかと喜劇的な役割を心から演じてくれて、化粧が台無しになるほど笑って、やっと終えた。

さて座敷に戻り、披露宴となった。

妖怪[※1]の「撓子どご、どごさももっていがれねで、安堵《えがった》なんし。」の挨拶ではじまり、妖怪の夫の「乾杯！」により、祝いの宴の開演となった。

　一番目は森[※2]繁哉様による「祝いの舞」。

　神の化身たる仮面をつけ、神の衣装をまとい、両手に御幣を持ち、どこからともなくフッと現れ、現れたかと思うと、キッ、と鋭く一ヶ所を見、また、キッ、と一つを見、キッ、キッ、キッ、というその一つ一つの動作のキレ、所作、手、足、頭、体の個別の動き、とりわけ面の動きが最大限にことばを発し、何気なく見ていたオレの前で止まり、面がフッと横を向き、オレと直接目が合った瞬間―ギョッ！　オレはオレ自身の何もかもが見抜かれたようなバラバラに解体された虚無感に陥ってしまったのだった。

　だが神の化身たる森様はすぐまた、キッ、キッ、キッ、舞踏しながら新郎新婦へと向ったのでしたから、そのことでオレはかろうじて自分自身にたちかえることができたのでした。

さて神の降臨からはじまった披露宴でしたが、次もまた新郎の姉[※3]平岡夫妻によるイザナギノミコトとイザナミノミコトの夫婦神が掛け合いで歌う「あわうた」なのでした。

でも「あわうた」は初めて聞いたので、わからなかったところもあったのですが、そのうち、あれ、これは（このわからなさは）オレの詩と通じるものがあるんでないかと感じたら、急に楽に聞くことができたのでした。日本語の黎明とでも云おうか。

もう一曲は姪のまゆ様のリコーダーからの〝ムーン・リバー〟でした。堂々と奏でられ、その前奏に続き、家族みんなで歌う姿を見て、平岡家ではいつもこんなん家族みんなが参加する手作りでの祝いなんだべが、となんか羨ましく思われたのでした。

そして少し間をおき、新郎の姉平岡佳梨加様がしっかりと着替えて、「祝ひ舞」

を一人で舞った。

その衣装とは—背につけた小さい輪が少しづつ大きく重なり、ついには自分の背よりも大きくなった輪の数は幾重になっていたろうか。そしてまたその輪の一輪ずつについている貝殻のようなものはちょっと見ただけでも全部集めると百個以上もありましたよ。もしかしたらあなたが宇宙の象徴で、あの貝殻のような一つ一つはあなたから発生した星雲なのでしょうか。

そのことはまたうれしいことに、オレ自身が星である思想《おもい》をあなたが舞うことで体現してくれ、やっぱりそうなんだと感得できたはじめての出来事なのでしたよ。

あなたの舞ひで
あらゆるものの胸中に灯っている

宇宙誕生からの生命が
今上《ごんじょう》に辿りついたのでした。

そして最後はやっぱり西馬音内盆踊り。
西馬音内に現存する妖怪藤原祐子が音頭をとった。

死者たちの魂が
（あのよ）の隙間から
人者《にんじゃ》をかりて
風に揺れる様《さま》で
伏目がちな態で
顔を隠し

生命をなぞる
その指先で
（このよ）の夏夜《よる》を
妖しく　生《えん》ずる。

それを見ている
いま気づく
わたしの影はあなただと。

それぞれが芸術との、生命との、自然との結婚によるところを如実に表現されており、まるで土方巽が演出したんではないかと思えるほどの結婚披露宴なのでしたよ。

ところで、出席者の紹介でのおまえの挨拶はどうだったたって？

もちろん、

「海が一滴である
ど同《ふと》じで
オレだぢは一滴だじゃ。」

とだけ喋って新郎を見だっきゃ、同時に新婦と見つめあって、クルン、と、一滴に溶けあい、頷いでらっけじゃ。

☆

☆　結婚おめでとう　☆

☆　☆

☆☆☆

※1妖怪：二人の妖怪（宮岡秀行説）

一人は縁結びの妖怪舞踏する妖怪妖怪詩人藤原祐子

一人は舞踏家故・土方巽

※2森繁哉：民俗学者、舞踏家

※3新郎の姉平岡佳梨加：声優、舞踏家

夫平岡憲人：日本語の源流研究者

そして――――二題

藤原祐子

その一
思いもよらぬことに

残念ながら
2022年2月24日以来の、ロシアのウクライナ侵攻が止まらない。
以前、ロシアのウラジオストクに行った時のことを思い出し、2010年、同人誌『密造者』79集に載せた詩とエッセイを読み返してみた。

通い合った祈りのこころ

　一冊の見学記念ノートが出口付近にあって、〈〈飛鳥Ⅱ乗船 秋田・ウラジオストク友好 西馬音内盆踊り公演記念 日本 秋田県 雄勝郡羽後町 祈 世界平和！ 藤《ふじ》原《わら》祐《ゆう》子《こ》〉〉と、書いた。ロシア ウラジオストク要塞博物館でのことである。

　現地のガイドのお姉さんがノートを見て、バスに同乗した日本のことを学んでいる男子学生に、「せかいへいわ！○△□……」と何やら語りかけ、軽く驚きの目で私を見てほほえんだ。私は二人にほほえみを返し出口へ向かう。

　と、小太りのおばさんが追いかけて来て何やら声をかけ私をつついた。何しろロシア語がわからない。首をかしげると、こちらへおいで、とでもいうように手招きする。何で戻れというのか。何か悪いことしたかしら？と思いながら、彼女の目力の強さにしかたなくついていく。

名刺大の写真を一枚差し出した。いぶかると、近くに展示されているまっ黒い大砲台にペタペタ付けてみせにっこりしながら渡そうとする。「あら、マグネット！下さるんですか？」といいながら手を動かす身振りに、彼女はまたにっこりうなずいた。マグネット式の要塞博物館の写真を下さるというのだ。

ガイドさんが学生に語りかけた言葉が、ロシア語で〝せかいへいわ〟だったのだろうか。「どうもありがとうございます！」と、ゆっくり丁寧な日本語でお礼を述べ、頭を下げ、互いに笑顔で別れた。

無表情に番をしていたおばさんと心が通じ合った喜びをかみしめ外に出ると、金角湾の港に、軍艦、大小の貨物船など、そして巨大な飛鳥Ⅱが仲よく留まっているのが見えた。

後日、ロシア語のありがとう〝スパシーバ〟だけでも知っていたら、と思ったが、日本語でも心をこめると通じる嬉しさもまたよいものである。

金角湾のウラジオストク港に入港した「飛鳥Ⅱ」。港内には軍艦が並んで係留されていた（秋田魁新報 2010 年9月7日付）

2010.9.1　秋田・ウラジオストク友好西馬音内盆踊り公演

ときのゆりかごに

ゆうら　ゆうら　進む
暗闇の海を白い船体が
ゆうら
海に抱かれ
ゆれるたびに
ゆうら　まるくなる　まるくなる　ゆうら

胎児はゆれていたか
海の味を　忘れたか
ゆうら　ゆうら　遠い原始に駆けていく
火のまえで踊りはじめたのはなぜか
母体の中で魚だった　ゆうら
ユーラシアよ

世界の今の状況は、この先は、と案じてもどうにもならないじれったさがつきまとう。

宮岡さんは、映画生誕百年の年の10月から翌年の2月にかけて世界中をグランドツアーして、『セレブレート・シネマ101』（1996年）という60分の中編映画の制作をされた。宮岡さんが敬愛する数人の監督たちに、彼らがこの時期に映画を撮りつつあることの意味を、ヴィデオで語らせたものを、一本の映画にまとめたものだ。この映画が縁で、アレクサンドル・ソクーロフ監督に気に入られた宮岡さんは、彼の招待でサンクト・ペテルブルクのレンフィルムに4ヶ月間滞在、アドルフ・ヒトラーの最晩年を描いた『モレク神』（1999年）の助監督をされている。仲良くなったグループのメンバーには、ロシア人とウクライナ人、どちらの友人も居るとのこと。

ウクライナとロシアの悶着は、クリミア半島をめぐって2014年くらいから報道されてはいたけれど、ワルシャワ条約機構と北大西洋条約機構（通称NATO）の拮抗とねじれもあるから根深い…と宮岡さんは憂う。

2022年4月17日「NHK日曜討論」に、花嫁道中の披露宴に出席してくださった宮岡さんの義兄、平岡憲人さんが出演された。

平岡さんは、大阪市の専門学校「清風情報工科学院」の校長先生で、「ウクライナ学生支援会」の代表。賛同した全国約三十の学校が無償入学で受け入れている。渡航費、寮、生活全般を支援しており、撓子さんから、募金の話を聞いた。お米を出してくれた業者さんもいるとか。私も、「学生さんは復興の大きな力になる方々と思います。終わりの見えない悲しい状況に支援も大変でしょうが、一日も早く平和が訪れますように」と少額ながらお届けした。

「学生さん達は日本語学習を始めており皆優秀でほれぼれする。文化的には集団主義的だがピラミッド型組織にはなじみにくいという特性が見えて来て支援策に工夫の方向が感じられる」とのこと。奥様の佳梨加さん（宮岡さんのお姉様）は、「故郷のたべものを口にする時、心も身体も少し〝ほっこり〟する。ビーツをみつけ学生さんにお渡しすることができた。ウクライナではぎょうざのようなものにサクランボも入れるそうで、学生さん達は大変な気持ちでしょうが〝ほっこり〟応援していきたい」と。皆それぞれに出来ることを探し支援の輪が広がっているようだ。学生さんは「ウクライナと日本の友好を胸に、新たな平和な生活のために全力で勉強に励む」と頑張っている。言葉を学び、細やかな気持を表現したり汲み取れるようになるには大変さもあるかもしれないが乗り越えてほしい。

その後――

「いかがお過ごしですか。

ウクライナの学生はおおむね元気にしていますが、ＰＴＳＤで不安定な学生も散見されます。先日禅の瞑想に効き目がありそうだと気付いた所です。

日々を大切にしながら、舞うように、うたうようにまいりたいです。

平岡ご夫妻のサイン

またお目にかかれます日まで!!」

お便りは音符のイラスト入りで、長丁場の支援に欠かせないしなやかさに溢れ、肩や心のコリがほぐれていく思いがした。

その二
盆踊り・ダンサー宮北さんに教えるの巻

「宮北裕美さんに、以前小林嵯峨さんに教えたように、藤原さんの盆踊りを教えてほしい」との申し出があった。と、前に書いた。

〝点音〟（おとだて）の鈴木昭男さん、ダンサーの宮北裕美さんご夫妻は、宮岡秀行・撓子さんの婚姻届の証人。花嫁道中の時、オーストラリアにてコンサートツアー中で、披露宴会場にはお祝メッセージが届いた。したがって、お会いするのは初めてである。

２０２１年12月7日

一日目 十時 音頭、がんけの説明後、音頭の稽古。

十二時 七曲り峠を越え鎌鼬美術館と披露宴会場であった旧長谷山邸へ。途中湧き水〝長命水〟を飲む。宮岡さんたち二人が花嫁姿でこの峠を越えてみたいとメール送信したところ。

鎌鼬の会理事長の菅原弘助さんが、休館のところを開けてくれて、丁寧に説明して下さった。

一時二十分「松屋」で生そば。

二時 フリーアナウンサーでエフエムゆーとぴあパーソナリティの原田真裕美さんと宮北さんの朗読、稽古。

　ソラネ台本／十田撓子（稽古の後、この台本はボツに）

四時 音頭おさらい。

二日目は音頭おさらい、がんけ稽古。午前私が絞った藍染踊りゆかたを着て。旦那様の鈴木昭男さんに写メ送信。宮岡さんは同じ柄（六つの花）の男物身丈サイズ、男女共平袖。

昼は「そば処長谷山」、道の駅うご「端縫いの郷」でジェラードを食べ盆踊り会館へ。

午後は端縫い衣装（元は接ぎ衣装と言った）を着用。ちりめんなど絹の古布でできている。手持ちの十枚のうち、一番気に入っている衣装を身につけてもらい記念撮影。スタイルが良いので、ゆかた、接ぎ衣装、どちらもよくお似合い。

夜、藤原家で打ち上げ。その前に二人は「百姓そば屋・彦三」に。宮岡さんの勤めるお店、秋田駅トピコの「秋田比内地鶏や」で彦三さんのそばをメニューに加えた。もちろん〝花嫁道中〟のご縁。

わが家で準備ができても二人はなかなか来ない。彦三さんに電話すると、店主の専ちゃんこと猪岡専一さんが「やあセンパイ！」といつものように威勢がよい。なんでも、話をしていて専ちゃんが突然踊り出したとか。踊り出すとなかなか止まらない気持は、よくわかる。

お酒は菅原酒店雪中貯蔵酒〝七曲峠〟と〝西馬音内盆踊り〟。肴は鰰《はたはた》等。

宮岡さんは運転があるのでノンアルビール。あと、勝手知ったるで、わが家に設置してある水素水をコップに注ぎ、他の三人はお酒。彼女の飲みっぷりがいいので夫は大層喜んだ。今でも時々、「あのダンサーとまたお酒を飲みたいなぁ」とつぶやいている。私も然り。

宮北さんから思い出写真三枚と展覧会図録

Hiromi MIYAKITA

が届いた。お手紙には「下半身を一生懸命鍛える日々です！」と。

小学生の時、町の大先輩（旧家の男の人）が、夏休みの体操場に子供達を集め「西馬音内盆踊りには武道の構えの型が入っている。腰をしっかり据えて踊る」と教えてくれたのを昨日のことのように思い出す。町の人達は清太郎あんちゃと呼んでいた。

またその人の妹の、藍染絞り作家で俳人の縄野三女（サキ）さんは、「西馬音内盆踊りは足を上げない、足を運ぶといい、すり足が基本」と常々言っていた。いつの間にか足を上げて踊る人が増えてしまったのを残念に思うのは私だけだろうか。

縄野三女さんの父上は刀匠で多芸多才な素封家柴田政太郎（号は、果、紫陽花、木鶏、他にも）。お二人共ネット検索すると直ぐに出てくる。西馬音内の文化を高めた方々。

俳人の河東碧梧桐の日記『三千里』に、西馬音内に逗留し句会の他、柴田果と私の祖父丘泉（加藤長之助）が田代から八汐山越え矢島ルートで鳥海登山に同行した様子が、面白くこと細かに書かれている。また碧梧桐は、西馬音内盆踊りを見た感想も書いており、盆踊りの記録としては最古のものらしく貴重な文。明治時代のこと。

宮北さんと宮岡さんが着た藍染絞り踊りゆかたは、縄野三女さんのデザイン。私が羽後町商工会女性部部長時代に女性部活動として、三女さんに女性部のデザインをお願いし、絞り方をご指導いただき作製、盆踊り本番で踊った思い入れのある衣装である。

写真は、盆踊り会館にて藍染絞りゆかたを着てポーズをとっている宮北さんと、接ぎ衣装姿の彼女と三人。もう一枚は、うちの店で夫と三人を宮岡さんが撮ったもの。あっという間にいい表情をいい角度で切り取ってくれた、まさに瞬写。すぐに三枚を額に飾った。

会館での三人写っているのは職員にシャッターを押してもらった。彼女は踊り仲間の娘さんである。

稽古中、手、腕の上げ下げの振りのイメージに関し、噴水の詩の話をしたところ、読んでみたいとおっしゃっていた。で、私の第一詩集に納めた〝噴水〟の一部を

噴水

くり返し
踊り上がっているうちに
てっぺんで静止する瞬間
天に届かぬことを知らされ
いかに美しく身をひるがえすか
と　考える

吹き上げられるときより
落ちてくるときの方がきれいなのは
さまざまな分子と

結合することもできずに
ぶつかり合って
とまどいながら
落ちてくるからか

と、まあこんな感じなのだが、西馬音内盆踊りの手、腕の上げ下げが、噴水のように噴き上げられる美、と、はらはら落ちる、儚さ、憂い、やるせなさ、狂おしさ、とまどい、などの美、それをくり返すところが似ているように私には思える。コマ送りの映像のように超スローで踊り、振りを確かめることでそのようなイメージが湧いて来たのかもしれない。噴水にも踊りにも〝いのち〟を感じる、と言えば大げさのようだが、宮岡さんは私のことを人やモノゴトを繋ぐ霊媒と言うし……。

また、手、腕を上げるとき、肘と手首が先に行く。てのひらは手首についていく。上げ切って下げる寸前のほんの一瞬指先が天を指す。次の瞬間、腕、手首の力をふっと抜いて同時に腰を落とし、また手首から下げる。おもむろに上げるときの美しさと下げるときの美しさが微妙に異なる。両の手を下げるときの肘の絞り、右から左に向かおうとするとき左の肘に左から右に向かおうとすれば右肘に微かに絞りが入る。その仕草が、腰を落とし、膝、足首に連動し、噴水がはらはらと落ちる美しさと似る。上げた手を止めるポーズもあり、いつもではないが。

〝がんけ〟の一番に、右手を左肩の辺りに運び、左手で右袖の袂《たもと》をつまんで両脇をゆったり開け、右手を伸ばし、右足を左足にクロスさせ、腰を落としてくるりと左回りに回るところがある。肩の近くに運んだ右手はてのひらを顔の方に向け、次にその手を右側の腰の高さまで斜めに下げ指を伸ばすのだが、やはり肘、手首が先になり、手の甲に少しだけ力を入れ、手首をひねるように下げたところでてのひらを地に向け甲にびしっと力を込め指をしっかり伸ばす。ここは、縄野三女さんの直伝。実に踊り心地がよい。これは女性の場合で、男性の恰好をしたときは、左手で右の袖を押さえ右手は手刀を切るようにスッと伸ばす。

こんな理屈っぽい練習は珍しいのではないだろうか。その上で祈りの気持ちを込める。あくまでも私の踊り方で、真似たい人以外のよそ様に強要はしない。

コロナ五波と六波の間、とても良い時期にお稽古でき、運が良かった。妖怪は運をたぐり寄せる？

ふわふわここちよいおつきあいが続きそう。なんとしても西馬音内盆踊り本番で踊らせてあげたいが、今ドイツでコンサートツアー中でスケジュールが調整できるかどうか――。

お元気で活動できることは素晴らしい。ケースバイケースで行こう。

あとがき

『花嫁道中峠越え』は、仲人として夫と道中を共にしたことを記録し、遺したいと思ったから。私にとってそれほど嬉しい出来事だった。

２０２０年、詩の同人誌『密造者』に、第35回ゆきとぴあ七曲「花嫁道中」の長編エッセイを掲載して以来二年余り経った。この度、一冊にまとめるにあたり書き足したりして、内容に時間の流れが行きつ戻りつの感があるが致し方ないと思う。

２０２２年11月30日、国連教育文化機関（ユネスコ）より、秋田県の「西馬音内《にしもない》の盆踊」（羽後町）と「毛馬内《けまない》の盆踊」（鹿角市）を含む24都道府県41件の民族芸能「風流踊《ふりゅうおどり》」が無形文化遺産に登録されました。

『花嫁道中峠越え』上梓が、世界遺産登録決定と時期を同じくしましたことは、幼少の頃から踊り続け、フランス、ハンガリー、アメリカ、ロシア、モンゴル、インドネシア、韓国の海外公演を経験した西馬音内盆踊り女《おなご》として、二重の喜びであります。

この本をまとめるにあたり、山形県大蔵村の民俗学者で舞踏家の、森繁哉様に、独自の視点での長文を寄稿していただきました。また、東京の写真家、小杉朋子様より、お写真使用掲載を快諾いただきました。お二人と、鎌鼬美術館を通してご縁をいただいたことは、やはり土方巽の魂のパワーかと不思議な気持ちです。

詩人の中本道代様、十田撓子様には結婚のお祝辞と詩を掲載させていただきました。

そして『密造者』同人仲間の、うぶな様より、ほとばしる思いの楽しい文章をいただきました。

皆様、本当にありがとうございました。

ゆきとぴあ七曲「花嫁道中」実行委員会様、NPO法人「鎌鼬の会」様、秋田県現代詩人協会様、詩誌「密造者の会」様、国際会議等で海外出張の合い間を縫って、初期にお手伝いいただいた小森一太様、仕上げまで楽しくおつきあいいただいたイズミヤ印刷取締役会長、泉谷好子様、関わってくださった多くの皆様に心より感謝申し上げます。

そして、宮岡秀行様撓子様、ご縁に感謝。益々のご活躍をお祈りいたします。

エッセイを書き始めて以来、何かと気遣ってくれた夫に感謝！

紙ふぶきならぬ色とりどりの感謝のふぶきから生まれた『花嫁道中峠越え』でございます。

ゆきとぴあ七曲「花嫁道中」が、ずっと続けられる世の中でありますように――。

2022年12月吉日

藤原祐子

著者略歴

藤原　祐子（ふじわら・ゆうこ）
一九四三年十月二日　羽後町生

二〇二二年世界遺産に登録された『西馬音内の盆踊』を踊り続け、人、くらし、歴史、文化、を見つめ種々の活動を行う。海外公演7カ国。

- 西馬音内盆踊保存会会員
- 羽後町商工会女性部顧問
- NPO法人「鎌鼬の会」理事
- 「密造者」同人
- 秋田県現代詩人協会会員

著書　詩集『噴水』（一九八八年　秋田文化出版社）
詩集『海色のセーター』（一九九九年　秋田文化出版）
詩集『編み笠をかぶれば』（二〇一二年　書肆えん）

現住所　〒〇一二－一一三一
秋田県雄勝郡羽後町西馬音内字福田一三－一二

特別寄稿者

森　繁哉　民俗学者　舞踏家　山形

中本道代　詩人　東京

十田撓子　詩人　秋田

うぶな　詩人　秋田

小杉朋子　写真家　東京

花嫁道中峠越え

二〇二三年一月二十五日　初版発行

著者　藤原　祐子

発行　イズミヤ出版
秋田県横手市十文字町梨木字家東二
電話　〇一八二（四二）二一三〇

印刷　有限会社イズミヤ印刷
秋田県横手市十文字町梨木字家東2
電話　0182（42）2130
FAX　0182（42）3001
HP:http://www.izumiya-p.com/
✉:izumiya@izumiya-p.com

ISBN978-4-904374-49-8